書物というウイルス

21世紀思想の前線

福嶋亮大

Real Sound Collection

blueprint

書物というウイルス

21世紀思想の前線

カバー写真＝小山義人
装丁＝川名 潤

書物というウイルス　21世紀思想の前線　目次

005　はじめに――トランジットの人間

019　小説の初心に回帰する――ミシェル・ウエルベック『セロトニン』評

027　新時代の心の哲学?――マルクス・ガブリエル『新実存主義』評

037　平成の「先ぶれ」と昭和の「最後の響き」――吉本ばなな『白河夜船』評

047　ひび割れた物語、とびきりの攻撃性――佐藤友哉『水没ピアノ』評

059　《妻》はどこにいるのか――村上春樹／濱口竜介『ドライブ・マイ・カー』評

073　《勢》の時代のアモラルな美学――劉慈欣『三体』三部作評

087　インターネットはアートをどう変えるのか?――ボリス・グロイス『流れの中で』評

103　泡の中、泡の外――カズオ・イシグロ『クララとお日さま』評

117　承認の政治から古典的リベラリズムへ
――フランシス・フクヤマ『アイデンティティ』『リベラリズムとその不満』評

131　メタバースを生んだアメリカの宗教的情熱
――ニール・スティーヴンスン『スノウ・クラッシュ』評

143　感覚の気候変動――古井由吉『われもまた天に』評

155　帰属の欲望に介入するアート――ニコラ・ブリオー『ラディカント』評

169　共和主義者、儒教に出会う
――マイケル・サンデル他『サンデル教授、中国哲学に出会う』評

181　胎児という暗がり、妊娠というプロジェクト――リュック・ボルタンスキー『胎児の条件』評

195　自己を環境に似せるミメーシス――ヨーゼフ・ロート『ウクライナ・ロシア紀行』評

207　実証主義は必要だが十分ではない――スティーブン・ピンカー『21世紀の啓蒙』評

219　フローの時代の似顔絵――多和田葉子『地球にちりばめられて』＋村田沙耶香『信仰』評

229　新しい老年のモデル
――デイヴィッド・ホックニー&マーティン・ゲイフォード『春はまた巡る』評

239　現代のうるおいのないホームレス状況――2022年上半期芥川賞候補作評

249　おわりに――書評的思考

はじめに――トランジットの人間

組み立てと前線

21世紀の書物、とりわけ主としてこの10年間に日本で刊行された文芸書および思想書を題材として、思考の《現在地》を描き出すこと。それが本書の狙いである。現代の人文系の書物たちはいったい何を考えているのか――この一筋縄ではいかない問いを輪郭づけるのに、私は書評集というスタイルを選んだ。

哲学者のアルフレッド・ノース・ホワイトヘッドは「体系化」の仕事が始まる前の、その準備作業としての「組み立て」(assemblage)が哲学にとって不可欠だと記したことがある(『思考の諸様態』参照)。私は哲学者ではないけれども、書評だけで一冊の本を仕上げるのは、まさにささやかな「組み立て」の実験である。本書は「体系的」には書かれていない。その代わり、私はさまざまな本の似顔絵を描きながら、一見してかけ離れた書物どうしをいわばショート(短絡)

させようと試みた。思想の蓄電と放電が同時に生じるような空間——それが私のめざしたものである。

そもそも、本書で取り上げた作家たちが、一冊の評論のなかで出会うことはほとんどない。試しに、本書の目次から同世代どうしをカップリングしてみよう。古井由吉とデイヴィッド・ホックニー。ボリス・グロイスと村上春樹。カズオ・イシグロとフランシス・フクヤマ。マイケル・サンデルとスティーブン・ピンカー。ニール・スティーヴンスンと多和田葉子。劉慈欣と吉本ばなな。村田沙耶香と濱口竜介。佐藤友哉と鈴木涼美……。これらの組み合わせは不協和音を奏でているが、何の接点もないかと言えば意外にそうでもない。本書を通読すれば、そのことが分かってもらえるだろう。

してみると、思想の《現在地》なるものを固定的・実体的に捉えるのは間違っている。どちらかと言えば、それは気象用語の《前線》に近い。寒気団と暖気団が出会って気候が不安定化し、ときに突発的な雷雨を発生させる——このような放電現象は、思想において異常なことではなく、むしろなじみ深い光景である。思想の現在地＝前線とは、最先端・最新鋭ということではなく、最も不安定化した地点であり、しかもそれは大気の前線と同じくたえず移動し続けているのである。

統御・漂流・普遍

繰り返せば、本書はシステマティックには書かれていない。ただ、それでも《前線》を形作る書物の集合から、いわば思想の気象を浮かび上がらせることはできるだろう。ここでは大きく三つのテーマを挙げておきたい。

第一は、統御の感覚をいかに取り戻すかというテーマである。ポピュリズムが政治を席巻し、インターネットが党派的な同族意識（部族主義）に侵食され、天変地異が人類を翻弄する今、われわれの社会は理性的な統御を失いつつあるように思える。テクノロジーがこの傾向に拍車をかける。現在のソーシャルメディアは脳の報酬系を操縦してそれを市場での利益に変え、バイオテクノロジーは望ましい人間像や社会像についての議論をしばしば素通りして、身体や遺伝子を市場で売り買いできるモノに変えつつある。一昔前の左翼用語で言えば、人間の「物象化」がコントロールを超えた規模と速度で進行しているのである。※1

このような麻痺的な状況に抗うようにして、文化的にも思想的にも、表現やコミュニケーションの手綱を取り戻そうとする動きが鮮明になってきた。濱口竜介監督の『ドライブ・マイ・カー』からノルマンディーに隠棲したデイヴィッド・ホックニーの絵画、あるいはマイケル・サンデルの共和主義、フランシス・フクヤマの古典的リベラリズム、スティーブン・ピンカーの実証主義、マルクス・ガブリエルの新実存主義に到るまで、その筋道や方法論はそれぞれ大きく異なるものの、ロボット的な自動反応に抗して、社会や芸術を運転するハンドルを奪還しようとする動機は共通している。

第二は、漂流のチャンスをいかに得るかというテーマである。近年は左派・右派を問わず、特定のアイデンティティに自らを割り当て、それを根拠として発話する傾向が目立っている。もとより、人間にとって、根をもちたいと願うのはいたって自然なことである。しかし、アイデンティティが固定化・実体化されると、それ自体が硬直した規範になり、周囲の協力者を排除することにもなりかねない。ゆえに、性急な「割り当て」から脱け出す技法が重要になってくる。本書で挙げた美術評論家ニコラ・ブリオーや作家の多和田葉子、さらに古くは亡命ユダヤ人であるヨーゼフ・ロートは、アイデンティティの実体化よりも、むしろ根無し草の「漂流」を積極的に評価しようとする著述家である。

そもそも「私とは一個の他者である」（ランボー）という言葉通り、アイデンティティそれ自体が、意識と存在のせめぎ合う《前線》のようなものである。マルクスが『ドイツ・イデオロギー』で述べたように、自分でこうだと思うこと（意識）と現にあること（存在）は一致しない。アイデンティティの分類表をどれだけ精密にしても、あるいは他人に映る自己像（プロフィール）をいかに巧妙に操作しても、それは「意識」の延長であり、アイデンティティの不動の核にはならない。なぜなら、アイデンティティそのものが、意識と存在のあいだのズレに位置しているからである。ニコラ・ブリオーらのモデルは、このギャップから潜在的な力を引き出そうとするものである。

第三は、普遍主義の遺産をいかに回顧するかというテーマである。かつて哲学は普遍的な価値にいかにアプローチするかを問うていた。しかし、20世紀後半以降は、文化相対主義や多文化主義が加速する。すなわち、諸文化・諸人格を超えることを標榜する普遍的（全体的）な知は暴力的であり、したがっておのおのの文化やアイデンティティの特殊性が尊重されねばならないという態度が、いわゆる「西側」の良識となったのである。

それに対して、旧ソ連出身の美術評論家ボリス・グロイスや中国SFの旗手である劉慈欣には、全体性のユートピアないしディストピアにアクセスしようとする、一見すると時代錯誤的（日本式ジャーゴンで言えば厨二病的）な情熱がある。特に、劉の『三体』の描く宇宙像は異様に酷薄で、それゆえに無視できない迫力をもつ。

21世紀の中国やロシアの知識人には、20世紀の普遍主義＝共産主義のユートピア的な夢が、いわば不気味な亡霊のように引き継がれていた。逆に、対話を重んじるサンデルやデータを重んじるピンカーのような西側の知識人にとっては、ユートピアや世界革命への意志はたんに有害かつ粗大な発想にすぎない。20世紀の東西冷戦は、今なお思想のあり方に作用を及ぼしている。思想は西側中心の歴史のルートに沿って整序されるわけではなく、あくまで複数の歴史に分散しているのである。

ウイルスはすでに「歴史の終わり」に到達している

もとより、ポスト冷戦期の中国とロシアの歩みはある意味で対照的である。ロシアはボリス・エリツィン時代に資本主義をうまく操縦できずに経済を停滞させたばかりか、西側からも相変わらず敵視された（ソ連崩壊後も、NATOという共産主義の私生児の活動は止まらなかった）。その屈辱をはねのけるように、大国路線を掲げるプーチンが台頭したのである。かたや、中国はロシアと違って、実質的な資本主義国家として「大躍進」を遂げた。その反面、共産党政権はアメリカと並び立つ超大国の外見上のハーモニーを保つために、かえって新疆や香港――いずれも植民地主義の歴史と切り離せない《前線》――に「外国勢力」と密通したと難癖をつけ、極度に抑圧的な態度で臨んでいる。

ただ、中国とロシアの権力者がともに自己拡大の意志を保ちつつ、西側の価値観（とりわけリベラリズム）を侮蔑していることは確かである。そして、この両国が世界に波乱を巻き起こすなか、改めて「歴史の終わり」をめぐる議論も再燃している。

よく知られるように、冷戦の終わりと相前後して、ヘーゲル主義者のフランシス・フクヤマは『歴史の終わり』というベストセラーにおいて、人類史がend（目的＝終焉）に到達した、ないし到達しつつあるという議論を展開した。共産主義の失敗が誰の目にも明らかになった以上、人類の使命はたった一つ、つまり自由と民主主義を拡大することに尽きている――大まかに言えば、それが当時のフクヤマの主張であった。しかし、パンデミック以降の政治情勢は、この30年前の楽観的なファイナル・アンサーに対して重大な疑念をつきつけるものだろう。

興味深いことに、フクヤマは最近のインタビューで、最良のリベラルな国家の事例として、デンマークやノルウェーを挙げている（『「歴史の終わり」の後で』）。彼によれば、今や北欧の小国こそが、「歴史の終わり」のヴィジョンを最も理想的なやり方で示しているのだ（ちなみに多和田葉子の小説『地球にちりばめられて』が、デンマークの退屈なテレビ番組から始まることは象徴的である）。しかし、これはかえって西側諸国の置かれた苦境を暗示する。多少意地悪く言えば、ソ連の解体によって一度壮大なフィナーレを迎えたはずの「歴史」は、再びヨーロッパの小国からやり直すことを余儀なくされたのではないか。

このように、人類の歴史は結論が出そうで、なかなかうまく進まない。というのも「目的」に達したと思ったとたんに、その予想を裏切るアクシデントや矛盾が噴出するからである。われわれは改めて、世界史が複数のルートから成り立つこと、それらが一つに合流する日は（仮にそれが訪れるにしても）遥か先であることを、謙虚に認めなければならない。

その反面、すでに「歴史の終わり」に到達している存在がウイルスである。ウイルスは急速な世代交代を繰り返し、刻一刻と変異するが、その「目的」（自己増殖によって生き延びるというシンプルなプログラム）は決して揺るがない。ウイルスにはふつうの意味での生や死はもはや存在しない。歴史の目的＝プログラムを再審理せざるを得なくなった人類が、揺るぎない目的を書き込まれたウイルスに翻弄される——このパンデミックの光景は、私には「歴史の終わり」をめぐる一編の寓話のように思えてならない。

トランジットの人間

繰り返せば、われわれは自分たちの社会をうまく統御できていない。それでいて、漂流（もっと強く言えば侵犯）のプログラムに力を与えるのも容易ではない。[※2] この二重の困難を超えるために普遍主義を再導入しようとすると、個別のアイデンティティへの配慮を欠いた傲慢だと批判される……。21世紀の思想の《前線》はこのような苦境のなかにある。

では、どうすればよいのか。偶然の成り行きに身を任せるのでは、カオスの餌食になるだけである。ゆえにフクヤマならずとも、人類社会のめざす目的が何なのかは、改めて問題にならざるを得ない。例えば、幸福を高めること。他者と平和に共存すること。自己を保存すること——これらは一見するといずれも正しい「目的」であり、誰もが異存なく受け入れられそうに思える。

しかし、そう簡単ではない。例えば、幸福はどこからやってくるのか。幸福は移ろいやすい「外部」の状況と正体のつかみにくい「内部」の心、その双方に依存している。この内と外を束ねられるのは、人間を超えた永遠なるもの、つまり神だけである。パスカルによれば「幸福は、われわれの外にも、われわれの内にもない。それは神のうち、すなわち、われわれの外と内とにある」（『パンセ』前田陽一他訳）。裏返して言えば、有限の人間が幸福という「目的」に向かう道は、常にひび割れているのだ。

それゆえ、パスカルが「人間はどんな地位に自分を置いたらいいのかを知らない」（同前）と述べ、カントが人間を「曲がった木」（「世界公民的見地における一般史の構想」）にたとえたのは、根本的な問題を指し示している。カントが言うように「地球以外の多くの惑星の住人」であれば、一個体の人生のなかで速やかに「目的」に達するかもしれない。しかし、人間の場合、その目的を成就するのは個体ではなくて、あくまで「類」である。「人間の演じる役割はずいぶん手の込んだ作為的なものである」（同前）。曲がった木である人間は、大きな回り道をしながら、人類として理念＝目的へと次第に接近する。ゆえに、理念＝目的は常におぼろげな徴《しるし》として、個体の前に現われるだけである。その徴が具体的な形をなすかどうかは、あくまで事後的にしか分からない。

このような人間のあいまいな地位をどう言い表せばよいだろうか。私はこういうイメージをもっている――人間はトランジットの存在である、と。乗り換えを待つターミナルでは、多くの飛行機の離発着の音がぼんやりと響いている。個体としての人間は一つ一つの機体を視認することはできず、それらがどこの目的地に向かって飛んでいくのかも知らない。その遠い響きは、真の徴であるともそうでないとも決めがたい。しかし、類としての人間はいつしかその理念を少しずつ実現しながら、次のターミナルへと向かうのである。

書物を必要とする人間の心

それにしても、このようなトランジットという場所を書物において表現することは、果たして可能なのか。特に、今の書物は、ぼんやりとした「徴」をキャッチする媒体としてふさわしいのだろうか。

もとより、スティーブン・ピンカーが言うように、人間は普遍的な真実を追求することよりも、集団内で認められるかどうかを非常に気にかける生き物である。例えば、右派が左派に、左派が右派に言及するとき、たいていお決まりの非難しかやらないのは、集団のなかでのキャリアや信用を傷つけたくないからである。このような「部族主義」は出版界にも確実に波及しており、書物は似たような意見をもつグループを安堵させたり、刺激したりする信号に近づいている。だが、それは書物にとっても書き手にとっても不幸なことではないか。

では、一冊の書物をグループ内の信号へと矮小化することなく、そこから潜在的な力を引き出すにはどうすればよいだろうか。本書はこの問題への私なりの応答として書かれている。思うに、書評とは、書物というウイルスの変異株を作成することに等しい。私は自らの作成した小さな変異株を一冊にファイルし、交差させ、ときにショートさせようとした。それは書物どうしを対話させること、つまり人間たちの部族主義から離脱して、むしろ本の生態系を組み立てることをめざすものである。

繰り返せば、われわれは社会のハンドルを握ることができず、それでいて、割り当てられた役割からの脱出も難しい。ただ、そもそも書物というメディアは、このような苦境にある人間のためのものではないか。人間の心が書物を必要とするのは、動揺の少ない広々とした思考の空間を得たいからであり、どうにもならない狭隘な社会的現実から脱出したいからである。われわれは書物そのものを、理念の遠い音の響くトランジットとして機能させなければならない。本書はそのために書かれている。

なお、本書の前半には、私が２０１９年からそのつどの依頼に応じて、断続的に発表してきた書評を収録している。後半（『ドライブ・マイ・カー』評以降）は、２０２２年４月からウェブ媒体のリアルサウンドでおよそ週一回のペースで掲載してきた書評の集成である。そのため、前半と後半とではその文章のトーンに微妙な違いが見られるが、そこにもパンデミックをはじめとする時代状況が刻印されていると判断して、文体的な統一は施さなかった。

※1　SNSの報酬系はきわめていびつである。ユーザーがそこで何を書いてもふつう金銭的な利益は発生せず、困難を克服した達成感を得られるわけでもなく、ただ数値的に注目され承認されるという報酬しかない。しかし、その偏頗な報酬系こそがドラッグのように人間を溺れさせる。「VR」という言葉の生みの親であり、ソーシャルメディア批判の急先鋒でもあるジャロン・ラニアーが辛辣に述べるように「注目されることが唯一の目的であるとき、人は最低の行動を取りやすい。なにしろ最低最悪の人間ほど注目されるから」（『今すぐソーシャルメディアのアカウントを削除すべき10の理由』大沢章子訳）。

今日の人間は、自分自身を数値やプロフィールに還元することに抵抗がなくなっている。このような人間の情報化は、広く「物象化」の一例である。そして、集団に順応し、自らを進んで物質と等しくするタイプの人間は、他人をも物として扱おうとする（アドルノ『自律への教育』参照）。ミシェル・ウエルベックは、このような自他の物象化に対抗することがいかに困難であるかをシニカルに描き続けてきた。

※2　20世紀における侵犯のモデルは、ミシェル・フーコーが言うようにセクシュアリティであった。三島由紀夫や吉田喜重をはじめ、日本の作家たちも、国家と同一化したりクーデタを夢見たりすることを、性的なグロテスクやマゾヒズムと重ねあわせたのである。しかし、今や性的なイメージは乱用され、すっかり擦り切れてしまった（これはウエルベックの小説のテーマでもある）。21世紀の侵犯のモデルを考えるとしたら、それはむしろ性をもたないウイルスの感染と似てくるだろう。

小説の初心に回帰する

ミシェル・ウエルベック『セロトニン』評

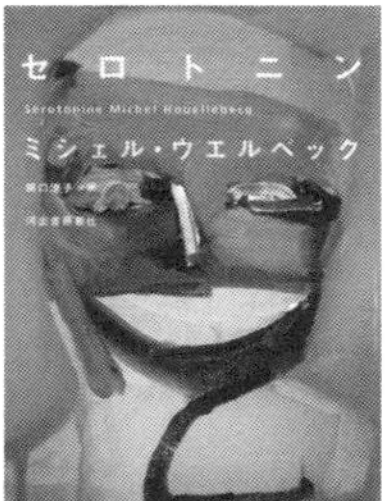

ミシェル・ウエルベック
『セロトニン』
（関口涼子訳／河出書房新社／ 2019年）

2019年のGWにスペインを旅行したとき、書店でイアン・マキューアンの新作や村上春樹の『騎士団長殺し』の翻訳と並んでミシェル・ウエルベックの新作『セロトニン』が平積みになっていたのが目を引いた――もっとも、そのときは『セロトニン』がスペイン旅行の場面を含むとは知らなかったのだが。ちょうど私たちの旅行中に実施されたスペイン総選挙では、43歳のサンティアゴ・アバスカル率いる極右政党ヴォックスが不法移民排斥を掲げて躍進した。同世代のパブロ・イグレシアス率いる急進左派のポデモスとまさに好一対であり、右も左もポピュリズムなしにはやれないことが改めて鮮明になったわけだ。コルドバで買い求めたアバスカルのインタビュー本『脊椎のあるスペイン』(オルテガの『無脊椎のスペイン』にひっかけたタイトル)をGoogle翻訳で拾い読みしたところによると、彼の選対チームはTwitter、Facebook、Instagramでそれぞれ戦略を立て、メッセージをこまめに使い分けているらしい。ポピュリストであり続けるのも楽ではない……。ともあれ、やる気満々に「レコンキスタ」(国土回復)を唱えるアバスカルにとって、SNSも使えない古い保守などカビのはえた遺物も同然だろう。

かたや『セロトニン』の46歳の主人公にして語り手のフロラン=クロード・ラブルストは、この種のポピュリストの熱狂や勤勉さとは対極のところにいる。抗鬱剤の作用によって性欲の減衰に直面している彼にとって、世界はすっかり陰鬱なものになり果てている。若い日本人女性のユズとともにスペインを旅行しても、屈辱感や孤独感が増すばかりなのだ。しかも、ラブルストの考えでは、このみじめさは西欧文明が老いや病を計算に入れないまま、幸福の個人主義的追求を許した結果にほかならない。中産階級の生み出した快適な地獄――このJ・G・バラード的な悪夢が彼をすっかり支配している。

ラブルストの心の不安定さは、語りの脱線の多さに現れる。偏見に染まったヨーロッパ人男性を主人公にするのはウエルベックの常套手段ではあるけれども（それにしても「日本人は顔を赤らめない、精神構造上は存在しているが、結果はむしろ黄土色がかった顔になる」とか「日本人女性にとって〔…〕西欧人と寝るのは、動物と性交するようなものだ」っていったいどこからサンプルをもってきたのか？）、今回はかつてなく陰気な語り手であるだけに、その話ぶりはとりとめがなく、ときに妙になれなれしい。彼は自分で自分を制御できないまま、フランスの田舎を旅しながら、過去の恋人たちの思い出話を深い悔恨とともに語り続ける。

彼にとって、親の世代の幸福はすでに神話のように遥か遠くで霞んでいる。物欲もない彼の語りには、活気あるセックスへの郷愁、豊かな人間関係への郷愁が満ちている。そして、この陰鬱さはやがて『セロトニン』のテーマであるフランス農業の惨状とシンクロしていく。日本人作家になぞらえれば村上春樹のシニシズムと村上龍の情報量を兼ね備えたウエルベックは、本作でもジャーナリスティックな分析で本領を発揮した。

1999年にはモンサントに属し、今は農業食糧省の契約調査員であるラブルストをレンズとして、ウエルベックは自由貿易がフランスの農業を壊滅させたことを容赦なく語り続ける（この点で、『セロトニン』には反エリーティズムや反グローバリズムを基調とする「黄色いベスト運動」を予見したという評価もある――なお、ウエルベック自身、大学で農業を学んだことも見逃せない）。フランスの果樹農家はアルゼンチン産の果物に太刀打ちできない。ノルマンディーの酪農家もグローバル市場での競争に勝てる見込みはまるでない。そして、畜産業にも明るい未来は開けてこないのだ（作中では十数年前のフランスのひどい養鶏場の様子が語られるが、アニマル・ウェルフェアが不十分な日本の現状はもっと悲惨だろう）。

こうして、本作は憂鬱なクライマックスを迎える。ラブルストの大学時代の旧友エムリックは、良心的な農業をやろうとするものの、妻に去られ、痛ましい最期を迎える。ラブルストとエムリックがピンク・フロイドの『ウマグマ』をレコードで聴くリリカルな場面は、この理不尽さを際立たせるうまい演出となっていた。グローバリズム下の「食の戦争」（鈴木宣弘）の敗者は、経済的安定だけではなく尊厳をも奪われるのだ。アメリカのバイオメジャーからの貿易自由化の要求を前にして、食の安全性と多様性を脅かされている日本人にとっても、エムリックの運命は決して他人事ではない。

ともあれ、ウエルベックは農地の惨状と精神の荒廃をシンクロさせることで、ヨーロッパの存在的基盤の危機を浮かび上がらせた。作中ではルソーの孤独について語られた部分があるが、むしろ私が想起したのはヴォルテールの『カンディード』である。暴力と惨事に覆われた世界を旅したカンディードは、最後に「何はともあれ、私たちの畑を耕さねばなりません」という達観した境地に到った。しかし、ラブルストや彼に象徴されるフランス人は、まさにその「私たちの畑」に帰還する道こそを失っているのだ。ウエルベックには珍しく、本作から「故郷喪失」の匂いがするのもそのためである。

前作の『服従』もそうだが、『セロトニン』にもいくらでもケチはつけられるだろう。何一つ希望を示さず、かつての理想の廃墟を点検して回るだけの本作に、ウザい西欧的自作自演を認めて一蹴することは簡単だ。だが、露悪的なウエルベックに「良い小説を書こう」などという殊勝な心がけがあるはずもない。彼は世界を良くしようとするあらゆる試み——ポリティカル・コレクトネスも含めて——に背を向けている。それに、考えてみれば、『ドン・キホーテ』や『カンディード』このかたヨーロッパの小説とは先行する共同幻想の廃墟を経巡りながら、ああだこうだおしゃべりすることに熱をあげる、いささかバカげたジャンルなのであり、ウエルベックもサルマン・ラシュディ（最新作は『ドン・キホーテ』のパロディ）もそのような小説の初心に回帰しているように思える。21世紀の小説はたぶんそれでよいのだ。

新時代の心の哲学?

マルクス・ガブリエル『新実存主義』評

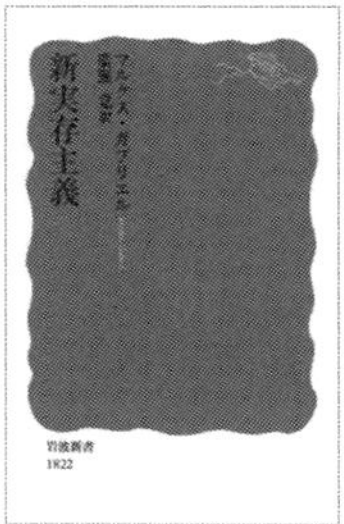

マルクス・ガブリエル
『新実存主義』
（廣瀬覚訳／岩波書店／ 2020年）

1980年生まれのドイツの哲学者マルクス・ガブリエルは『世界はなぜ存在しないのか』が世界的なベストセラーになったことで、一躍スターとなった。『新実存主義』はそのガブリエルが「心の哲学」に立ち入って自説を述べ、それについてジョスラン・マクリュール、チャールズ・テイラー、ジョスラン・ブノワ、アンドレーア・ケルンという4人の哲学者がそれぞれの立場から応答した本である（もっとも、彼らの議論がかみ合っているようにはあまり思えない——ガブリエルの2編の論文と冒頭のマクリュールの導入だけでも十分だろう）。大きく二つのポイントを挙げておこう。

〈1〉ガブリエルはもともと、構築主義を批判する立場から「新しい実在論」を掲げたことで名をあげた。構築主義とはごく単純化して言えば、万人の合意する唯一の現実なるものは存在せず、ただ、さまざまな解釈や表象を現実と取り違えさせる社会的な作用（知、メディア、歴史……）があるだけだ、という考え方であり、かれこれ半世紀近く大きな影響力をもった。例えば、犬の鳴き声という不変の現実はない、ただワンワンやバウワウというさまざまな解釈が現実だと勘違いされているにすぎない——このような立場に根ざす人文系の研究者は、いわゆる「言語論的転回」の名のもとに、言語的に構築されたカッコつきの「現実」の分析に向かった。現実そのものは実在せず、ただ任意のパースペクティヴからなされる解釈の連鎖しかないのだから、あとは現実になりすましている言語について考えればよいというわけだ。

しかし、近年のフェイク・ニュースやメディア・ポピュリズム、あるいは歴史修正主義の猖獗を考えれば、構築主義は「いちばん声のデカいやつがそのつどカッコつきの「現実」を構築してそれを既成事実化する」という状況を追認しかねないのではないか？　そもそも、本当に言語を超えた現実は「実在」していないのか、構築主義に反してでも実在性にアプローチするための哲学を組織し直すべきではないか……こういう問題意識を追い風にして、ここ十数年来、実在論や唯物論が急速に脚光を浴び始めたのである。[※1]ガブリエルはこの潮流の有力な担い手として、複数の「意味の場」の客観的な実在性を強調した。

だが、話はそれで終わらない。というのも、本書では構築主義とは異なる批判対象が新たに定められるからだ。それは自然主義である。

ガブリエルによれば、自然主義とは、心を物理的なメカニズムに還元しようとする態度を指している。つまり、脳科学や神経科学を突き詰めていけば、いずれ心はすみずみまで解明されるという立場を指す。しかし、彼の考えでは、こうした「自然主義的世界観」はすでに行き詰まっている。ガブリエルは哲学者のデイヴィッド・チャーマーズを批判的に継承しながら、心なり意識なり精神といったものは、脳のメカニズムには決して還元できないと見なす。といって、脳の基盤なしに心がどこかから奇跡的に湧いてくるという神秘主義にも与しない。要するに、脳がなければ心も生まれないが、だからといって脳の反応を完璧に記述すれば心が解明されるわけでもない。なぜなら、脳から心に到るとき、質的なジャンプが起こっているからである。

これは部分の総和は必ずしも全体と同じではないという、よくある論法を思わせる（有名なところではルソーの「一般意志」がそれである——人民の特殊意志をすべて足しあわせても一般意志には到らない）。ガブリエルはそれを「自転車とサイクリング」の関係になぞらえる。自転車＝脳はサイクリング＝心にとって必要不可欠だが、自転車があるだけではサイクリングには十分ではない。自転車からサイクリングに到るには、質的なジャンプが要る。このジャンプを無視して自転車についてどれだけ解析しても、サイクリングは分からない……。こうして、ガブリエルは心をニューロン（脳）の反応に還元しようとする自然主義を、人間の精神への無理解のあらわれとして、徹底して批判しようとするのである。

〈2〉その延長線上で、ガブリエルは二つの異なる次元を想定する。一つは自然種、もう一つは精神である。ガブリエルの考えでは、人間は動物の一種（自然種）であり、その限りで動物と同じく科学や医学の対象となるが、その次元だけに還元されることはない。なぜなら、人間にはもう一つの別の次元、つまり「われわれの身体が姿を見せる次元、人間という意味の場の次元」に連なる「精神」（Geist）があるからだ。この精神の次元において、人間は人間以外のものと区別される。つまり、人間は自然種でありながら、それとは別の次元へとジャンプすることができる。ここでもやはり、人間であるには動物的身体＝自転車が必要だが、それだけでは精神＝サイクリングにはならないという論法が貫かれている。

さらに、ガブリエルは「心的なものの存在論」にも言及する。つまり、作家の精神の生み出した架空の登場人物（例えばマクベス）についても、実在性があると見なすのである。あるいは心のなかに浮かんだ虚妄も、たとえ明らかに誤っていたとしても、それが現実を変え得ることをガブリエルは強調している。「ボソンについての自分の理解が間違っているからといって、ボソンが変わるわけではない。だが、虚妄は自分自身を変えてしまう。しかも多くの場合、まるで別人のように変えてしまうのだ」。自然種ならぬ精神（虚構／虚妄）が現実を変える例は、身の回りからいくらでも見つけられるだろう。

例えば、いま［2020年］世界じゅうで話題のコロナウイルスはその格好の例である。ウィリアム・バロウズの「言語ウイルス説」を地でいくように、今や世界はコロナウイルスに加えて、まさに宿主＝メディアをハイジャックして増殖するウイルス絡みの流言飛語に悩まされている。我々はウイルスを模倣するようにウイルスについて「熱っぽく」語り、その語りに他者を「感染」させ続けている。ガブリエルの用語で言えば、ウイルスには、自然種としてのウイルスと、精神（の生み出す虚構／虚妄）としてのウイルスがあり、そのいずれもが社会に影響を与えるだけの実在性を備えているのだ。

ただ、自然主義を批判しつつ精神の固有性を強調するとき、新実存主義は「新しい実在論」というガブリエルのスローガンとどれくらい整合性がとれているのだろうか。ガブリエルは構築主義（＝現実は解釈に還元できる）に対しては実在論（＝解釈を超えた「意味の場」がある）を掲げ、自然主義（＝心は脳に還元できる）に対しては観念論（＝脳を超えた心がある）を掲げているように見える――というのは私なりにだいぶデフォルメした形容だけれども、そのように読めないこともないだろう（ちなみに、ガブリエルの知的出発点はドイツ観念論、とりわけフィヒテの観念論を内在的に批判したシェリングの哲学にある）。この二つの立場にどう折り合いをつけるかは、本書だけでは見えてこない。

念のために言えば、本書の自然主義批判そのものは決しておかしな議論ではない。現に、心や意識に関わるすべてを科学的に記述しつくすことはできそうにないし、今のニューロン中心主義は悪しきイデオロギーに転化する危険性もあるからだ。ガブリエルの論文はさまざまな論点が整理されており、一読する価値はある。ただ、哲学に対しては遠くから見物人として接しているだけの私からしても、本書の議論は（正しいかどうか以前に）全体的に平板に思えてならない。その理由を三点、簡単に記しておく。

〈1〉パンデミックを含めたさまざまな問題に簡単に当てはまるということは、理論としてはそこまで先鋭で複雑なものではないということである。本書も含めて、ガブリエルの著作はひとをぎょっとさせる危険なものではなく、比較的穏健で常識的である（この点は数年前にブームになったマイケル・サンデルの政治思想と似ている）。少なくともガブリエルは、かつて共著（『神話・狂気・哄笑』）を出したスラヴォイ・ジジェクのような悪魔的な才気を売りにするタイプではない。哲学のスターを待望する空気のなかで、ガブリエルの思想が過大評価されている面も否定できないだろう。それこそ一部の出版人やメディア人の「心」のなかでガブリエルという名が膨張しているだけではないか。

〈2〉自然主義が人間をニューロン（神経）に還元するとしたら、新実存主義は人間の人間たるゆえんをプシュケ（心的なもの）に還元する。だが、この肝心の心（精神）の働きについて、ガブリエルは多くを語らない。せいぜい「虚構の物語をつむぎだす多様な能力」を挙げるくらいで、はっきり言って凡庸である。自然主義を批判するのはいいとしても、精神を特別扱いする陳腐な人間中心主義に居直るのでは、理論的には後退だろう。それに「精神」の有無をもって、人間を規定するやり方にも問題がある。例えば、身体として姿を現さず、心があるかどうかもわからない胎児はどういう扱いになるのか？　胎児は人間ではないのか？　あるいは逆に動物には心はないのか？　疑問は尽きない。本書はところどころ「人間以外」とされたものを不当に軽視しているようにも思える。

〈3〉ハイデッガーという巨星を生みながらナチズムに到ったドイツに代わって、戦後は長らくフランスが哲学の拠点となってきた。戦後ドイツの思想は、主にフランクフルト学派の衣鉢を継ぐ社会学や政治思想によって名声を得てきた。そのなかで、ガブリエルはドイツから久しぶりに出た哲学の新鋭であるには違いないし、「新実存主義」という命名にも野心が感じられる。にもかかわらず、ガブリエルは新実存主義がかつてのサルトルらの実存主義と何が同じで何が違うのか、ほとんど触れようとしない（冒頭でマクリュールが多少触れている程度）。思うに「人間」の捉え方について、新実存主義が実存主義よりも前進したとは言い難い。例えば、「実存主義はヒューマニズムである」と言ったサルトルのなかにも「反ヒューマニズム」とも呼べる複雑な一面を読み込むことはできるし、あるいはメルロ＝ポンティにしても、幼児の世界について優れた洞察を残している。こういう奥行きは、素朴な人間主義に基づく新実存主義には見られない。

ともあれ、昨今の唯物論や実在論、あるいは認知科学や遺伝子工学は哲学に大きなショックを与えるものである。それらによって、用済みとなりかねない「人間」について、ガブリエルは自然主義を主要な敵としながら、もう一度新たな位置づけをおこなおうとする。この新実存主義の試みそのものは重要だと思うが、その闘い方については不可解なところが多く残る。結局のところ、今は過渡期なのだろう。

※1　この点は『現代思想』2018年10月臨時増刊号に載ったマウリツィオ・フェラーリスの論説「新しい実在論」が詳しい。なお、この号の座談会で宮崎裕助が指摘するように、ガブリエルがポストモダン思想を「構築主義」の名のもとにひとくくりにするのはおかしい。というのも、フランスのポスト構造主義者は、むしろそのような現実の構築作業が矛盾をはらみ、いわば内在的なエラーに直面するところに、唯物論的な契機を見出したからである。

このことは日本のポストモダンの批評にも当てはまる。蓮實重彥、柄谷行人、中沢新一、浅田彰、東浩紀らはそれぞれ扱う対象も理論も大きく異なるものの、総じて唯物論を自己の思想に取り込んできた。例えば、東の『存在論的、郵便的』は、主体の裂け目（＝存在論的／ジジェク的／ドイツ観念論的）から出発する否定神学的な哲学に代えて、コミュニケーションの失敗（＝郵便的／デリダ的／唯物論的）から「不可能なもの」を思考するというアイディアを示したものである。

しかも、彼らは実在論（唯物論）が観念論より優れていると言ったわけでもない。柄谷は1984年の評論「批評とポスト・モダン」でアルチュセールを引きながら「観念論が革命的な「意味」をもつ時期と場所があるし、唯物論が保守的な「意味」をもつ時期と場所がある」と述べ、ニーチェを参照しながら「主観に問わねばならず、主観に問うてはならない」というパラドックスを引き出す。さらに、柄谷と近いことを言っていたのはアドルノである。「批判的思想の狙いは、かつて主観が占めていたが今は見捨てられている玉座に客観を据えようということではなく——玉座に据えられた客観など一つの偶像でしかあるまい——、こうした階層秩序を廃棄することなのである」（『否定弁証法』引用はマーティン・ジェイ『アドルノ』木田元他訳による）。実在論か観念論か、客観か主観か、いずれかを「玉座」に据えようとすることそのものが間違いなのである。

平成の「先ぶれ」と昭和の「最後の響き」

吉本ばなな『白河夜船』評

吉本ばなな

『白河夜船』

（新潮社／ 1989年、書影は2002年刊行の新潮社文庫版）

長編小説と短編小説は何がちがうのか。そこには長さという量的な差異があるだけなのか、それとも質的な差異があるのか。短編小説特有の仕事とは（それがあるとして）どういうものか——これらは文学の基本的な問いだが、まともに取り上げた学者や批評家は少ない。どれだけ芥川賞が巷で話題になっても「この時代に短編小説を書く意味は何か」を考えさせるテクストに出会う機会は稀である。

これらの問いに近づこうとするとき、いつも私の念頭にあるのはマルクス主義理論家のジェルジュ・ルカーチである。ルカーチはこう記していた。

わたしが言おうとしているのは、短編小説は大叙事文学形式や大戯曲形式によって現実を意のままにとらえる作業の先ぶれとして登場するか、さもなければあるひとつの時代の終りに、後衛として、最後の響きとして登場するかのどちらかである、という事実、すなわち、そのときどきの社会的世界を文学によって普遍的に捉えることがまだない時代に登場してくるか、もはやない時代に登場してくるかのどちらかである、という事実のことにほかならない。（『ソルジェニーツィン』池田浩士訳、訳語一部変更）

ルカーチによれば、短編小説の利点は、キャラクターの社会的背景や行動の状況、さらに具体的な展望を描かずに済むことにある。短編小説の世界像は「まだない」あるいは「もはやない」――つまり「先ぶれ」あるいは「最後の響き」――に根ざしている。つまり《短編的世界》は時代に先行しているか、遅刻しているか、どちらかなのである。仮にこのような世界を長編小説に投入したら、どうなるだろうか。長編小説はたいてい社会や展望に、分厚いリアリティを与えようとする。結果として《短編的世界》はその圧力によって歪められ、ひしゃげてしまうだろう。

私の知る限り、このルカーチ的な意味での《短編的世界》を書いていたのは、１９８８年から90年にかけての吉本ばななである。冷戦が終わり、昭和から平成に移り変わるこの転換期に、吉本は短編小説を書き続けた。特に、１９８９年に書籍化された「白河夜船」は非常に意欲的な短編である。今から見れば、そこにはまさに、平成の「先ぶれ」とも昭和の「最後の響き」とも言えるような何かが書き込まれていたように思える。その内容は、長編のずっしりとした重みには耐えられず、恐らく短編でなければ救えない（掬えない）類のものなのである。

*

「白河夜船」も含めて、吉本ばななの小説はたいてい死のムードに包まれている。特に、親しい友人の死がそのムードを増幅させる。ただ、死はたんなる断絶ではない。なぜなら、取り残された主人公はいわば《生前の死》を経験し、かつ死者のほうは主人公の心のなかで《死後の生》を開始するからである。死のムードが有象無象の夾雑物を音もなく洗い流した後、社会的な生とは別の時間が主人公たちに流れ始める。

吉本の描くキャラクターを象徴するのは、いわば「つぐみ」のような天使的な存在である。彼女たちはもっぱら語り手との関係のなかに存在していて、社会的地盤をもたない。吉本隆明の用語を借りれば、吉本ばななの小説では「共同幻想」があてにされない代わりに、「対幻想」が突出している。しかも、それは人間と人間の社会的関係というよりは、人間と天使のコミュニケーションあるいは「テレパシー」を思わせる。吉本の主人公はよく手紙を書くが、それは、たった一人の読み手に宛てた手紙こそが対幻想の芯になるからである。

人間と天使のカップルが浮上するとき、社会はひっそりと退いてゆく。かつて安原顯との対話で、吉本は「登場人物はみんな冷淡だし、人間というものを一つも描いていませんから」と言い切り、人生についても「あまりにも否定しているので、せめて小説ではそれを救うようなものを書きたい」と述べている（安原顯『カルチャー・スクラップ』参照）。吉本の小説においては、昭和文学を成り立たせてきた諸要素は消えかかっている。そこには情熱的な愛もなく、政治的な争いもなく、社会的な葛藤もない。にもかかわらず、「人間というもの」からすべりおちたカップルの関係が、凡百の恋愛小説よりも、ずっと説得力をもって現れてくる。吉本が描くのは、近代小説の人間の「最後の響き」であり、その影絵なのである。

＊

「白河夜船」においても「人間というもの」は響きや影絵のように残っている。この響きは昼の社会ではかき消されてしまうので、ただ「夜の底」で聴きとられるしかない。語り手の「私」はなすすべもなく眠りに襲われ、自発性や能動性を失うことで、夜の底に沈んでゆく。

いつから眠りに身をまかせるようになってしまったのだろう。いつから抵抗をやめたのだろう……私が溌剌としていつもはっきり目覚めていたのはいつ頃なのだろう。それはあまりにはるかすぎて、太古のことのように思えた。

夢を題材とした小説は無数にあるが、眠りを題材とした小説は希少である。眠りの特徴は「あらがえなさ」にある。つまり、吉本は自分の内側からやってくる力に、ただ身を委ねるしかない状態を描こうとしたのである。

その力は、語り手を生ではなく死に近づける。眠りに囚われて「もしかしたら寝ている自分を外から見ると真っ白な骨なのではないか」と感じる主人公は、ポンコツのアンドロイドも同然である。「私はずっと自分の回路を三分の一くらいしか開かずにぼんやり働いていた」。しかし、この昼のポンコツぶりは、かえって夜の対幻想の「しびれるような心地」をきわだたせる。

他のもろもろの音が外側から聞こえるのに対して、彼からの電話はまるでヘッドホンをしている時のように頭の内側に快く響く。

この光るように孤独な闇の中に二人でひっそりいることの、じんとしびれるような心地から立ち上がれずにいるのだ。／そこが、夜の果てだ。

こうして「孤独な闇の中」にひっそりと住まうものたち——語り手、亡くなった親友のしおり、語り手と不倫関係にある「彼」、彼の植物状態の妻——が、テレパシー的に心を通じあわせる。電話の会話が対面以上の奇妙な「近さ」を感じさせるように、テレコミュニケーションはときに互いの心の距離を最小化する。[※1] 吉本の描く「夜の底」は、まさにこの遠いがゆえに近いという逆説的なコミュニケーションの時空なのである。

ただし、この「頭の内側」でなされるような夜のコミュニケーションは、必ずしも平和的なものではない。淋しさをどうしても打ち消すことのできない語り手は、眠りの手前で「彼」の妻（植物状態で長い「眠り」についている）とテレパシー的に交感しながら、やがてこの女性ではなく自分自身が「敵」であることに気づく。

敵は、きっと私だ。

薄れゆく意識の中で、そう確信した。眠りは真綿のように私をゆっくりしめつけ、私の生気を吸いとっていった。ブラックアウト。

ここには一種の自家中毒を思わせるものがある。ここで重要なのは、社会からすべりおちた夜のなかでも、不気味な敵対性だけは残り続けることである。花火があがるなか「この世にあるすべての眠りが、等しく安らかでありますように」という祈りを捧げる末尾も、この不穏さを打ち消すものではない。

＊

今から見ると、「白河夜船」はその後の平成文学の「先ぶれ」のように思える。「私」の心がコントロール不能の炎症を起こし、現実のちょっとしたサインが主観的な妄想の引き金となって、やがてそれが客観的な現実を呑み込んでいく――これが平成文学の基本的なパターンである。自我の防壁が低いため、「私」はふつうの社会性を圧倒するほどに神経過敏になってしまうのだ。そして、その妄想はしばしば、他者には理解できないような「敵」を呼び覚ますことになる（拙著『らせん状想像力』参照）。

これらの要素はすべて「白河夜船」に潜在している。語り手の「私」は眠りをコントロールできない。この無抵抗の主観に、死をまとったものたちがテレパシー的に入り込んでくる。そして、夜の底にいる私は、自分だけにしか分からない「敵」と出会うのである。その後の平成文学は、これらのモチーフを、より性的かつ暴力的に描き直したと言えるだろう。その意味で、本作は21世紀文芸の《前線》の先ぶれでもあるのだ。

昭和と平成のはざまの時期に書かれた「白河夜船」は、ルカーチふうに言えば「もはやない」と「まだない」の双方にまたがっている。繰り返せば、その内容は《短編的世界》でなければ収容できない類のものである。もとより、短編小説は今でも書かれているし今後もそうだろうが、短編である必然性を備えた作品はいつでも稀である。それは、真の意味での「夜」を描いた作品が稀であることと同じである。

※1　考えてみれば、小説を読むということそのものがテレパシー的である。読者は何のゆかりもない作中人物に感情移入し、その心らしきものを読み取るのだから。18世紀のルソーの書簡体小説『新エロイーズ』は、読者が作中人物の感情の動きをまるでわがことのように感じてしまうというテレコミュニケーションの逆説を利用して、世紀のベストセラーとなった（ロバート・ダーントン『猫の大虐殺』参照）。吉本ばななは１９９０年の『Ｎ・Ｐ』で、小説を仲立ちとしたテレパシーないしシンパシーを扱っているが、それは実は近代小説の起源にまで遡るような古い問題である。

ひび割れた物語、とびきりの攻撃性

佐藤友哉『水没ピアノ』評

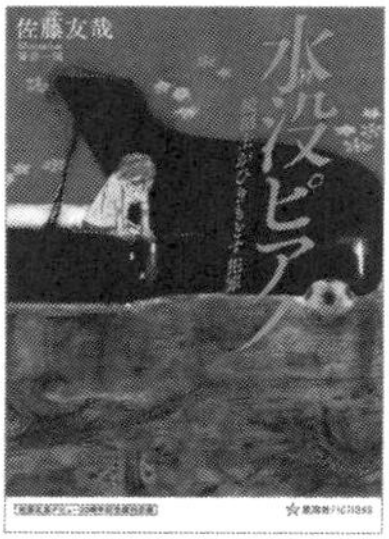

佐藤友哉
『水没ピアノ 鏡創士がひきもどす犯罪』
（講談社／ 2002年、書影は2022年復刊の星海社版）

2021年以降に星海社から復刊された佐藤友哉の「鏡家サーガ」――グラース家を中核とするサリンジャーの連作に倣ったシリーズで、『水没ピアノ』はその長編三作目に当たる――には、読者の心を吸い込んで、しかもそれを容赦なく爆破するような趣がある。物語のあちこちに、読者を翻弄する罠や落とし穴が仕掛けられていて、それが出口のない荒廃を演出している。登場人物たちはこのトラップだらけの時空に閉じ込められ、恥さらしとして生きることを強いられる。物語は彼らを成長させるどころか、彼らがいかにみじめな偽者であるかを暴露するのである。

今の読者はおよそ20年前に書かれた鏡家サーガを、さらには『水没ピアノ』を、どう読むだろうか。いまどき、これほど凶暴でとげとげしい小説は世界のどこにもない。物語は二転三転し、登場人物は誰一人として正常ではない。佐藤はまともに見えるものを、言葉の次元で執拗に引きちぎらずにはいられない。そのため、登場人物が世界との穏やかな和解に導かれることは、決して起こらない。みじめなものはみじめなままであり、その冷厳な事実から目を背けても、手ひどく報復されるだけである。

一般的な見方をすれば、佐藤の小説はマンガやアニメやゲームを生地とする「サブカルチャー文学」と見なされるだろう。それは間違っていないが、佐藤がやろうとしているのは、物語をアニメふうの言葉遣いやキャラクターで賑やかに粉飾するということでは、まったくない。佐藤はがらんどうのキャラクターたちにぺらぺらの装飾を与えたうえで、その偽りの衣装をいきなり引き裂いてみせる。それはちょうど、子どもが発泡スチロールをひっかいて、神経にひどくさわる音を立てることとよく似ている。アニメふうの軽薄で騒々しい言葉は、何の前触れもなく不快なノイズに変容し、油断してページをめくる読者の指先を感電させる。つまり、サブカルチャー文学の外見は、それ自体が読者を欺く罠なのである。

鏡家サーガは虚構のヴェールで覆われているが、そのヴェールはむしろ容赦なく剥ぎ取られるためにこそある。佐藤の想像力の根幹には、インチキを暴露するために、インチキを徹底するというサリンジャー的なパラドックスがあり、その身を切り裂く自己否定の力ゆえに、佐藤の作品はいつも決まって満身創痍の姿をさらけ出すことになる。『水没ピアノ』を筆頭にして、鏡家サーガは「信頼できない語り手」しか信頼できないという、ぎりぎりの地点で物語られている。物語の中心にいてはいけない語り手、本来は主人公の資格をもたないはずの主人公――このような反・存在が、鏡家サーガにおいては、めくるめく逆転と自己破壊的なパラドックスの源となるだろう。

鏡家サーガには妥協のない攻撃性がすみずみまで染み込んでいるが、それは佐藤が潔癖で倫理的な作家であることの裏返しである。特に『水没ピアノ』には何の救いもない。誰もヒロインの伽耶子《かやこ》の涙を止めることはできないし、「僕」はかつての自分の切実な祈りを自覚なしに裏切るばかりである。しかし、和解や救済のドラマを表面的に演じてみせることに、何の価値があるだろうか。物語がうわべだけの美辞麗句で締めくくられることに、佐藤は耐えられない。それゆえ、彼の作品は嘘だらけなのに嘘がない。それは作家の誠実さを意味している。

*

ところで、『水没ピアノ』が講談社ノベルスから刊行された２００２年は、村上春樹の『海辺のカフカ』が出た年でもある。この両作品には、タイトル以外にも興味深い共通点と相違点がいくつか認められるので、簡単に比較しておきたい。

第一に、『水没ピアノ』と『海辺のカフカ』では、少年の犯罪が主要なテーマとなっている。かつ、そのテーマは、無自覚になされた「悪」をどう責任の次元に落とし込むかという難題と関わっている。ただし、『海辺のカフカ』では少年の夢のなかでの「父殺し」が示唆されるのに対して、『水没ピアノ』では、犯罪の記憶はむしろ夢のような非現実として隠蔽される。

第二に、この両作品はともに、複数の物語が並行するという特徴をもつ。村上も佐藤も、悪や暴力を捉えるにあたって、立体的な語りを導入した。ただし、その構成の仕方はまったく似ていない。対位法的な構造をとった『海辺のカフカ』では、二つのパラレルな物語が一つの目的地点へと合流してゆく。逆に『水没ピアノ』では三つの物語が螺旋状にねじれ、ぎしぎしと軋んだ音を立てながら、最後にはあっと驚くやり方で接続される。佐藤は物語を締め上げ、そこに負荷をかけることを厭わない。そのため、『海辺のカフカ』が整然と秩序だった印象を与えるのに対して、『水没ピアノ』ではむしろ、出口のない狂気や悪循環が際立つのである。

第三に、両作品が教養小説の外見をもつことである。『海辺のカフカ』では四国の高松の静かな図書館を舞台にして、夏目漱石やシューベルトが、タフでありたいと願う15歳のカフカ少年の魂の回復に寄与する。ここには、オウム真理教事件や異常な少年犯罪の相次いだ１９９０年代以来のすさんだ状況に対する、村上なりの応答がある。かたや、北海道の鄙びた島松を舞台にする『水没ピアノ』では、ポール・オースターや中村一義の情報が「僕」に届けられるが、それは何も展望を開かない。タフさとはまるで無縁の「僕」の魂は、小説や音楽ではどうにもならないほど、ひどく損壊しているからである。

村上春樹には、主人公が優れた物語と同調できるという確信がある。図書館というコクーン（繭）に守られ、トランスジェンダーの青年に教えを受けるカフカ少年は、象徴的・文化的な次元で魂を治療することができる。彼には成長のための時間がたっぷりと与えられている。しかし、佐藤友哉のキャラクターにおいては、まさにこの信頼と時間こそが根底から壊れてしまっている。自分のものではない偽の物語のなかに逃げ込んだ「僕」は、そのつぐないとして索漠とした時空をさまよい続ける。あるいは、引用に取り憑かれた探偵役の鏡創士の饒舌にしても、トランスジェンダーの青年の語りと違って、どこまでいっても不毛なままである。

村上が女性に料理をふるまう場面をたびたび上手に描いたように、『水没ピアノ』では〝紘《ひろ》子《こ》〟とのメールのやりとりが実に巧みに演出されている。たわいないメールの往復をこれだけ面白く――ある意味ではスリリングに――書いた小説は、後にも先にもないだろう。しかし、この「性的な本題をオブラートに包んだ上滑りの単語。何も判っていない振りをして構築されるコミュニケーション」は、結局のところ「僕」の象徴的貧困を際立たせるばかりである。そらぞらしいメールの言葉の群れが奇妙な生彩を帯びるほどに、その底面にある、素寒貧でからっぽでうそ寒い人生がいっそう色濃く浮かび上がってくる。

みじめな記憶をなかったことにして「自主的な牢獄」に退却した語り手に、偽りの物語を与えること――この佐藤の仕掛けた罠は、『水没ピアノ』を鋭利に研ぎ澄ました。時代の呼び声に耳を傾けていたのは、象徴的回復を企てた『海辺のカフカ』ではなく、象徴的貧困を徹底した『水没ピアノ』であると、私は迷いなく断言したい。漱石やシューベルト程度で癒される少年の魂など、そもそも『水没ピアノ』ではお呼びではない。そんな聞き分けのよい少年が、いまどきどこにいるのだろうか。佐藤は村上のように上手に嘘をつけなかった。繰り返せば、それこそが作家の誠実さの証明なのである。

その誠実さの代償として、『水没ピアノ』の物語はあちこちでひび割れ、不協和音を奏でている。物語を合理的に読もうとするまじめな読者は、各所で躓くことになるだろう。しかし、佐藤がやったのは、無謀な力業を積み重ねながら、ねじれにねじれた三つの物語の虚ろな中心に潜む「母」の姿を、強引に引きずり出すことである。それは『海辺のカフカ』の母のイメージよりも、ずっと不気味でミステリアスである。社会的に公認された言葉やイメージを徹底して傷つけ、引き裂かなければ、偽りに満ちた「僕」の物語は到底語れない――このようながけっぷちの悪意が、『水没ピアノ』のそこかしこから滲み出している。

*

もともと、佐藤友哉には人格をハイジャックされたり、記憶を上書きされたりすることへの強いオブセッションがある。彼が多用する多重人格のモチーフも、病理的なものというよりも、そもそも人格とはその程度に脆弱なものだという殺伐とした認識と結びついている。他の人格にあっさりハイジャックされ、記憶を改竄される着せ替え人形――それが鏡家サーガにおける反・主人公の像である。そして、このからっぽの人形どうしが家族のふりをしてつながったとき、衝動的な暴力が炸裂する。まさに「繋がり過ぎは狂気の根本」（『フリッカー式』）なのである。

思えば、『水没ピアノ』に先立つ１９９０年代以降の日本社会では、国家の歴史的なアイデンティティや記憶を再創造しようとする動きが鮮明になっていた。それは戦後ずっと棚上げにされてきた諸問題が、冷戦および昭和の終わりとともに一挙に噴出したことを意味している。

しかし、大人たちがそのような大文字の歴史をめぐって侃々諤々の意見を交わしているあいだに、むしろ足元の私的な歴史こそが内部崩壊しつつあったのではないか。そもそも、われわれの記憶はあてになるのか。そこでは無自覚の「歴史修正」が日々おこなわれているのではないか。かけがえのないアイデンティティと感じられるものも、たかだか着せ替え人形の衣装にすぎないのではないか……。『水没ピアノ』には、そのような疑念がはっきり刻印されている（ついでに言えば、そのような問題を昭和末期の時点で的確に捉えていた作家が、吉本ばななである）。

佐藤はもともと、広さを捨てて鋭さを選んだ作家である。その主人公の狭い主観においては、社会の諸問題がばっさり刈りとられる代わりに、悪夢的なメルヘンが浮上し、抽象化や概念化の度合いも高められる（それは同時期に講談社ノベルスでデビューした舞城王太郎や西尾維新にも当てはまる）。とりわけ、『水没ピアノ』冒頭の時間論を見れば、佐藤が若者のサブカルチャーを代表する風俗作家の域に収まらないことは明白である。「僕」の危機はあくまで概念的な地点で語られている。「時間は着々と、そして確実なる正確さをもって、全ての物質、全ての現象に、等しく攻撃を浴びせる」。

かけがえのない記憶を譲り渡し、本来の自己をハイジャックされ、とげとげしい時間から攻撃を受ける佐藤の主人公たちは、どうしようもなく無力であり、またそれゆえに「けなげ」にも見える。佐藤の小説には、登場人物が何をなそうと手遅れだという不吉な囁きがまといついている。物語が始まったとき、すでに肝心の事件が終わっているのだとしたら、主人公がどうあがこうと事態は変わらない。あらかじめ何かを奪われ、しかもその何かを探る道も断たれた象徴的な貧困者——そのやるせなさや切なさが、『水没ピアノ』のカサカサした概念的風土に奇妙なうるおいを与えている。

もとより、この「けなげさ」は明治以来の日本文学の抱え込んだコンプレックスと、必ずしも別物ではない。日本近代文学の歴史には、西洋や戦争にハイジャックされ、本当の自分を喪失してしまった作家たちの寂しさと諦めが染みついている。架空の作家デレク・ハートフィールドに小説の書き方を学んだとデビュー作でうそぶいた村上春樹も、その例外ではない。

ただ、ここで重要なのは、喪失の質である。『水没ピアノ』の「僕」にとって、何かを失ったことはあくまで抽象的にしか感じられない。「僕」は多くのかけがえのないものを失ったが、そのこと自体を忘れてしまう。村上春樹や村上龍の主人公にはアメリカにハイジャックされた意識があるが、佐藤友哉の主人公は、誰に何を奪われたのかがどうしても思い出せない。繰り返せば、この抽象的喪失こそが、彼を概念的な語り口へとジャンプさせるのである。

＊

それにしても『水没ピアノ』の後の20年間、われわれはいったいどのような「時間」を生きてきたのだろうか。世界のありさまが特段変わったわけではない。ＳＮＳの席巻するインターネットには、うわべだけ良心的な言葉や熱に浮かされた中傷の言葉が、日々明滅している。今や誰も彼も、自分が着せ替え人形であることを恥じなくなった。たかが140字の記号を現実と取り違えているわれわれに、〝紘子〟とのメールに熱中する「僕」を嗤う資格はない。われわれは恥じることも忘れた恥ずかしい生き物なのである。

このような現時点から振り返るとき、とびきりの攻撃性をレンズとして、太宰治さながら「恥の多い生涯」を直視した佐藤友哉は、ずいぶんと倫理的な作家に思えてくる。読み直すたびに思うことだが、『水没ピアノ』は通り一遍の理解を拒むところがある。いかなる説明もクラッシュさせてしまう黒々とした悪意――それは小さな嘘を積み重ねるのに慣れてしまった現代の読者をも感電させずにはいないだろう。そのような作品が他にあるだろうか。『水没ピアノ』は一個の奇跡である。

（※本稿は星海社版『水没ピアノ』解説の再録であることをお断りしておきます）

《妻》はどこにいるのか

村上春樹／濱口竜介『ドライブ・マイ・カー』評

村上春樹
『女のいない男たち』
（文藝春秋／ 2014年）

濱口竜介監督の映画版『ドライブ・マイ・カー』（2021年）は2022年の第94回アカデミー賞国際長編映画賞を受賞して話題になったが、村上春樹の原作とはコンセプトが違う作品である。良い機会なので、ここでは映画と原作を順に批評してみよう。

濱口は日本映画のパラダイム・シフトを体現する作家である。その変化はさしずめ《超越性から制約性へ》《祝祭モデルから演劇モデルへ》《暴力にさらされる記号的身体から治癒される人間的身体へ》とまとめられるだろう。これまでの映画作りのメチエや発想法が徐々に飽和しつつあったとき、演劇のワークショップにヒントを得た濱口が、新たな突破口を開こうとする映像作家として、絶好のタイミングで登場した――私にはそのように見受けられる。

思えば、1980年代末以降の日本映画の監督は、コミュニケーション不全とそれと裏腹になった破壊衝動を解き放ってきた。昭和末期の大友克洋監督の『AKIRA』を先ぶれとして、黒沢清、中田秀夫、三池崇史、園子温、北野武からアニメの庵野秀明らに到るまで、安穏とした日常を突発的に引き裂く暴力や恐怖が、彼らの映画のなかに頻繁に侵入するようになる。その映像内の身体はしばしばコミックやゲームを思わせるやり方で記号化・キャラクター化されたが、それは暴力や恐怖への感受性をいっそう強める効果をもった。この《暴力にさらされる記号的身体》が、コミュニティ／コミュニケーションの薄皮一枚剥いだところにある「不気味なもの」をさらけ出す力をもったのである。

長い閉塞状態に陥った平成の時代状況のアレゴリーでもある彼らの映画は、暴力や恐怖をレンズとして、社会のうわべの約束事を突き抜けようとする《超越》の志向を伴っていた。この方向性をいっそう推し進めるとき、彼らの映画はときに、人間ならざるものを主役とした負の、祝祭の様相を呈することになる。2016年に公開された庵野監督による怪獣映画の傑作『シン・ゴジラ』――原発事故のアレゴリーでもある――は、このタイプの想像力のピークと呼べる作品だろう。

しかし、2017年にドナルド・トランプというカオスの王様がアメリカ大統領になった結果、映画の《祝祭モデル》はついに現実に追いつかれてしまった感もある。要は、映画でどれだけお祭り騒ぎや叛乱の真似事をやっても、それはどこかトランプ劇場に似てしまうのだ。トランプというポピュリズムの怪獣が出てきたとき、映画の側も自らを立て直す必要に迫られたように思える。

＊

そう考えると、2018年の『寝ても覚めても』で商業映画に本格的に参加した濱口の方法論は、「トランプ後」の時代に対する、きわめてタイムリーな応答になり得ていた。本作『ドライブ・マイ・カー』では演出家の主人公・家福が、演劇のワークショップを実践するが、これは濱口の方法論そのもののデモンストレーションである。役者の感情を抑制し、いったんニュートラルな次元に落とし込んだうえで、言葉や身体さらには他者との関係を念入りに再構築する――このようなワークショップ体験に根ざした《演劇モデル》が、ポピュリズムとフェイクニュースの跋扈する世界に対する、もの静かな異議申し立てとして立ち上がってきたのである。

この濱口流の《演劇モデル》は、平成の《祝祭モデル》のように暴力や恐怖を踏み台として超越をめざすよりも、むしろ人間を拘束している内的な制約条件を細かく変えようとする試みである。実際、演劇のワークショップであれ、バーや自動車のなかであれ、環境のパラメータが変わると、人間はそれだけでふつうとは違うことをやったり言ったりしてしまうのであり、濱口の関心はこの環境に対する（いわばシステム・エンジニア的な）リプログラミングに向けられている。『ドライブ・マイ・カー』の家福――いわゆる「コキュ（寝取られ夫）」にして「男やもめ」――は、自らを制約する条件を少しずつ変えていくことで、現にあること／あり得たこと／ありそうもないことの境界面をさすらう。その揺らぎのなかから、人生の回復という大きなストーリーを引き出そうとするところに、濱口の《演劇モデル》の挑戦があった。

この《祝祭モデルから演劇モデルへ》あるいは《超越性から制約性へ》という変化は、何よりも身体の取り扱い方に凝縮されている。平成の日本映画が総じて、キャラクター化した身体に破天荒なやり方で働きかけようとしたのに対して、濱口はむしろ治癒の対象としての《人間的身体》に回帰しようとする。もとより、精神がたえず自己を超越しようとするのに対して、身体はむしろ超越の限界を示すものである。「世界精神」（ヘーゲル）はあり得ても「世界身体」はない。濱口の映画においては、この身体の限界に辛抱強くふみとどまることが、かえって思いがけない言葉（手話も含めて）を引き出すきっかけになるだろう。

むろん、このような手法を手放しで礼賛するのも、いささかナイーブである。率直に言って、私には『ドライブ・マイ・カー』はかなり予定調和の進行に陥っていたように思える。家福が女や男にしきりに誘われ、しきりに話しかけられながら、自分の過ちに気づくという展開は、映画的・映像的な運動のなせる業というよりは、むしろカウンセリングの物語の勝利に思える。しかし、《演劇モデル》がカウンセリングやセラピーに帰着する必然性は、本来ないのではないか[※1]。

そもそも、平成の作家たちは（村上春樹も含めて）オウム的なマインド・コントロールへの警戒心があり、それが彼らの表現を屈折させていた。例えば、１９９０年代アニメの金字塔『新世紀エヴァンゲリオン』のテレビ版の最終回は、アニメがもはやアニメとして成立しなくなってしまうギリギリの瀬戸際で、碇シンジ少年の壊れてしまった心の治療（らしきもの）がなされる。しかも、シンジに対する女たちの語りかけは、それ自体が混乱を増大させてゆくばかりなのだ。

セラピーは最終的に成功したのか、それとも大失敗に終わったのか――もはやその境界すら見分けがたいところにこそ、このアニメが唯一無二の迫力を獲得したゆえんがある（ついでに言えば、治癒のプロセスのもつ狂気じみた性格は、黒沢清監督の1997年の傑作『CURE』や故・青山真治監督の2001年の傑作『EUREKA』のテーマでもある）。それに比べると、『ドライブ・マイ・カー』は一見すると、正しい心の治癒を、三時間かけて折り目正しく実践しているように思える。しかし、洗脳的なセミナーは×で演劇的なワークショップが○と言えるほど、単純ではないだろう。[※2]

そういうわけで、私は『ドライブ・マイ・カー』を濱口監督の最高傑作とまでは思わない。そもそも、国際的な賞をとったからと言って、右にならえで絶賛するのは、それ自体が最悪のポピュリズムにすぎず、この映画の思想にもそぐわない。ただ、繰り返せば、濱口監督の方法論には先行世代との差異がさまざまな仕方で刻印されている。映画を撮る方法論の再建から愚直に取り組もうとする映像作家は、世界的にも希少だろう。彼の体現するパラダイムを丹念に読み解くことで、われわれは来たるべき映画の姿を思い描くことができるのではないか。

*

では、村上春樹の2013年の原作「ドライブ・マイ・カー」はどうか。それは一言で言えば、他の男と寝ていた妻を子宮癌でなくした男（家福）が、間男（高槻）を誘惑する物語である。

もともと、「ドライブ・マイ・カー」は村上の短篇集『女のいない男たち』の巻頭の一篇だが、この複数形の「男たち」をいちばんよく表示している作品でもある。濱口版の家福はもっぱら「誘われる」男だが、村上版の家福は高槻を「誘う」男であり、そのことが男どうしのホモエロティックな関係を作り出している。二つの印象的な記述を引いてみよう。

二人は握手をして別れた。高槻の手は柔らかく、指はほっそりとして長かった。手のひらは温かく、僅かに汗で湿っているようだった。緊張のせいかもしれない。

家福は何も言わず、相手の目を覗き込んだ。高槻も今度は目を逸らさなかった。二人は長いあいだ相手の目をまっすぐ見つめていた。そしてお互いの瞳の中に、遠く離れた恒星のような輝きを認めあった。

男たちのクローズドな世界の代わりに、ワークショップと車の旅を前景化させた映画版には、この二つの場面はない。そもそも、相手の手のひらの汗を感じるという触覚の描写は、映画では再現しにくい。さらに、お互いの瞳を見つめあい、そこに「遠く離れた恒星」を認めるというちょっと漫画的なシーンも、映画では撮れない。裏返して言えば、村上は小説固有の性能をフルに活かして、家福と高槻の関係を濃密化したのである。

宇野常寛が濱口本人をまじえた鼎談（「「劇映画的な身体」をめぐって――『ドライブ・マイ・カー』から考える」『モノノメ』第二号所収）で指摘しているように、この二人の関係は、村上のデビュー作『風の歌を聴け』における「僕」と「鼠」という男性二人組を想起させる。村上の小説では男女の性愛がいつも中心にあり、その描き方はたいていフェミニストには評判が悪いものだが、実は初期から「男どうしの絆」がいわば「B面」として潜在していたことは、改めて強調されてよいだろう。僕と鼠、あるいは家福と高槻は、非対称的な他者どうしの関係というよりは、分身どうしの対称的な関係に近い。

村上の文学にはもともと「身代わり」へのオブセッションがある。彼の主人公はたいてい、空っぽになってしまった人生を、別の物語的存在の「代理」によって埋めあわせる。つまり、運命をいったん物語に譲渡し、アバターとしての人格を生き直した後に、もとの人生に回帰する。「でも戻ってきたときは、前とは少しだけ立ち位置が違っている」（「ドライブ・マイ・カー」）。現実的というよりも象徴的・物語的な次元で起こる交換が、人間の「立ち位置」に変化をもたらす――それが村上の文学の「ルール」なのだ。

『女のいない男たち』ではまさにその表題通り、女を失った男たちがときに人生の軌道から転落し、ときに物語的身代わりを媒介としてそこから回復しようとする。「ドライブ・マイ・カー」では、家福が高槻というアバター（＝同じ女を愛した男）を使って、亡き妻へのアプローチと心の回復を試みる。しかし、そのうちに欲望の対象そのものがスライドして、妻よりも高槻のほうがエロティックとなる瞬間が訪れてしまうのだ。村上の常として、男どうしがホモセクシュアルな関係にまで到ることは決してない。それでも、どこか漫画的なホモエロティシズムへと誘われるほどに、主人公が潜在的に大きな不安を抱えているのは確かである。では、その不安はどこから来たのか。

＊

『女のいない男たち』には妻と離婚することになった男の物語「木野」が収められている。私の考えでは、この短篇集の核になるのは「ドライブ・マイ・カー」と「木野」である。女がいないことと妻がいないことは、この短篇集ひいては村上の文学において、意味がまったく異なる。妻は女一般に還元できない。村上において妻を失うことは、異常さや暴力を引き寄せる事件なのである。

村上が妻を失った男に最も鮮明な光を当てたのは、1990年代半ばの『ねじまき鳥クロニクル』である。『ねじまき鳥クロニクル』では失業中の「僕」のもとから、妻のクミコが急に失踪する。僕は妻を追い続けるが、むしろ妻以外の女性が次から次へと現れ、その誘惑にさらされる。

多くの論者は、ノモンハン事件をはじめ戦時下の暴力をテーマとする『ねじまき鳥クロニクル』に、村上の歴史回帰を読み取ってきた。確かに『ねじまき鳥クロニクル』には、巷で歴史修正主義が台頭するなか、村上が東アジアのダークサイドの歴史に本格的なアプローチを試みた、その証拠として読める一面がある。しかし、より重要なのは、物語が進むにつれて、そのような歴史性が次第に後退し、むしろ夫が女性たちの誘惑を振り切って妻を追い求めるという神話的構造が際立ってくることである。しかも、最後まで「僕」は妻とふつうのやり方で出会うことができない。夫婦関係は結局、故障したままなのである。

吉本隆明の用語を使えば、『ねじまき鳥クロニクル』は一見すると共同体の歴史を再構築し、《共同幻想の修復》を企てた小説のように思える。しかし、村上はやがてその軌道から逸脱し、ついに《対幻想の故障》から来る摩訶不思議なイメージに小説をハイジャックさせてしまった。共同幻想が不安定なまま、対幻想まで異常化してゆく——それが『ねじまき鳥クロニクル』を前例の少ない奇妙な作品としたのであり、その中心にいるのが《妻》なのである。

そもそも、男女の「対幻想」(カップルの幻想)と一口に言っても、さまざまな形態が考えられる。日本の男性作家が好んできたのは、娼婦、母、妹である。永井荷風(あるいは村上春樹)は「娼婦」を求め、谷崎潤一郎(あるいは村上龍)は「母」を求め、宮沢賢治は「妹」を求めた。これらのカップリングは比較的安定している。ただ「妻」とのカップリングはどこかぎくしゃくしている。夏目漱石の『道草』や森鷗外の『半日』(いずれも自伝的な小説)に到っては、妻を厄介なトラブルメーカーとして描いた。してみると、妻が行方不明になるというのは『ねじまき鳥クロニクル』

に限らず、実は日本文学全般の問題である。

しかも、夫婦関係のおさまりの悪さは、日本文学のみならず日本語そのものにもついてまわる。いまどき「家内」と呼ぶ男性は少ないだろうが、「奥さん」あるいは女性側からの「旦那さん」という言い方はやはり変である。かといって「妻」や「夫」と呼ぶとよそよそしい。つまり、日本語にはいまだに夫婦関係をスマートに言い表せる言葉がない。

村上の『ねじまき鳥クロニクル』や『女のいない男たち』は、このような夫婦にまつわる文化的コードの故障を、ある意味で正直に書いている。村上にとって、女は一般的概念であり、そこには何でも代入できる。しかし《妻》だけは違う。《妻》に「身代わり」を立てることはできない。

現に「ドライブ・マイ・カー」の家福は、分身のような男（高槻）と記号化された女（ドライバーのみさき）とは濃密に話ができるが、妻とは出会い損ねる。高槻とのホモエロティックな関係を唐突に打ち切った家福にできるのは、自分に「致命的な盲点のようなもの」があったのではないかと感じつつ、みさきの運転する車中でつかの間の眠りにつくことだけである。この短篇小説の良さは、家福の心の空白や妻をめぐる謎をむりに埋めずに、それをみさきの思慮深い沈黙に対応づけたことにある。「家福はその沈黙に感謝した」という秀逸な締めくくりの一言は、《妻》の象徴的等価物は存在しないことを暗示している。

このような妻の捉えがたさは「木野」において、より不気味なテーマとして描き直されている。妻と別れた「木野」の主人公は、自分にとって居心地のよいバーを根津美術館の裏手で経営するが、やがて危機を予告されて熊本のホテルに閉じこもる。しかし、その真夜中の部屋に、恐ろしいノックの音が響く。

ドアを叩いているのが誰なのか、木野にはわかる。彼がベッドを出てドアを内側から開けることを、そのノックは求めている。強く、執拗に。その誰かには外からドアを開けるだけの力はない。ドアは内側から木野自身の手によって開けられなくてはならない。／木野はその訪問が、自分が何より求めてきたことであり、同時に何より恐れてきたものであることをあらためて悟った。

ここでドアをノックしているのは《妻》ないし妻に連なる何かである。木野は妻を求め、かつ妻を恐怖している。90年代以降、村上が描き続けてきた暴力や恐怖は、ここでは不可視の《妻》のノックに濃縮されたのである。

このような複合的感情は、映画『ドライブ・マイ・カー』においては素通りされている。映画内の女性たちは（韓国手話も含めて）さまざまな言葉を発するが、妻だけは自分の言葉で多くを話さない。かといって、不気味な無言のノックで家福を脅かすわけでもない。つまり、濱口版の《妻》は、村上版の《妻》に輪をかけた行方不明者なのである。演出家の家福が旅やワークショップを重ねて自己の過失を自覚し、女性ドライバーのみさきが家福の愛車サーブを韓国で乗り継いでも、肝心の《妻》はただ遠ざかるだけである。

要するに、《妻》を別の何かに置き換えることはできず、その喪失を素通りすることもできない。村上春樹はそのことを分かっていたから「木野」を書いた。逆に、聡明な濱口竜介は恐らくそのことを知りつつ、最終的に《妻》を封印し、韓国に渡ったみさきによって物語を完結させたのである。

※1 そもそも、環境のパラメータを変えると、予期せぬ出来事が生じて、あらぬ方向に話がエスカレートしてゆくことも十分考えられる。「ありそうもないこと」の集積で作られた濱口監督の新作『偶然と想像』(２０２１年)は、全体に予定調和的な『ドライブ・マイ・カー』のネガのような映画だが、濱口的方法論の一つのデモンストレーションとして注目に値するだろう。

※2 心の弱った人間へのセラピーは、それそのものが精神的・身体的な支配へと容易に転化し得る。逆にケアラーの側にとっても、身近な人間の世話をせねばならないことは、有無を言わせぬ強制性につながる。このような危うさは、本文で言及した黒沢清や青山真治の映画が、すでに先鋭に捉えていたように思える。

《勢》の時代のアモラルな美学

劉慈欣『三体』三部作評

劉慈欣『三体』
（大森望他訳／早川書房／ 2019年）

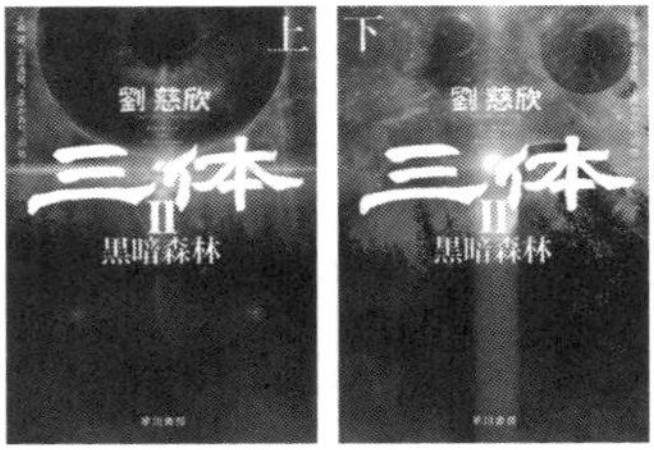

劉慈欣『三体Ⅱ 黒暗森林（上下）』
（大森望他訳／早川書房／ 2020年）

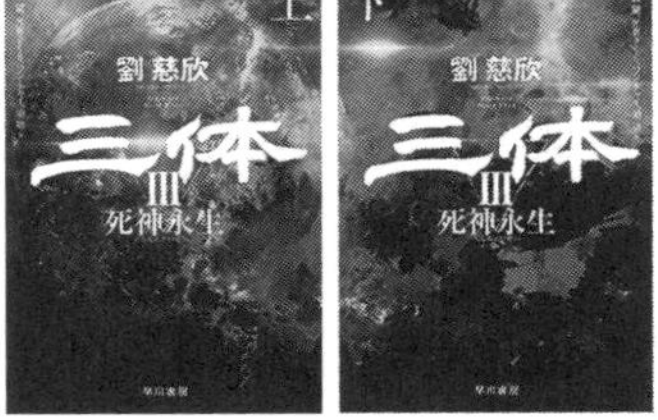

劉慈欣『三体Ⅲ 死神永生（上下）』
（大森望他訳／早川書房／ 2021年）

1963年生まれの劉慈欣のSF『三体』三部作――2006年に『科幻世界』で連載開始し、2010年に完結――は世界的なベストセラーとなった後、中国の国内外で映像化の企画が進んでいる。アメリカのNetflix（網飛）と中国のテンセントビデオ（騰訊視頻）が、それぞれ独自に制作した実写ドラマ版『三体』の放映を予定しているのは、現代のメディア状況を映し出していて興味深い。『三体』は原作がヒットしただけではなく、多くの二次創作――宝樹の『三体X』はその代表格――や熱心なファンたちによる大量の解釈を生んだことも特徴的だが、米中の実写版『三体』も遠からずこの「三体産業」の仲間入りを果たすだろう。

こうして『三体』はすでに作者の手を半ば離れ、世界規模の巨大コンテンツへと成長しつつある。ところで、このような規格外の拡大は、それ自体が『三体』の内容と符合している。『三体』は文化大革命における科学者の迫害に始まり、それがめぐりめぐって、ついには太陽系のゴージャスな破局に到る（なお、文革をどう実写化するかは、宇宙戦争の再現よりもある意味で難しくデリケートな問題である）。最初のローカルな事件が際限なくエスカレートして、思いもよらない宇宙規模の災厄をもたらす――このような負のランナウェイこそが『三体』をユニークなSFに仕立てる原動力となった。

誰も事態をコントロールできないまま、いつしか変化そのものが主役となってゆく――中国の伝統的な概念を使えば、これは《勢》（ものごとの配置／勢い）が主体であるということと等しい。今の政治状況にも同じことが言えるだろう。例えば、香港の「一国両制」は大陸中国の強烈な干渉のもと、専門家も予測できないぐらいの猛スピードで無効化されてしまった。ただ、それが中国共産党の当初のプランであったとはとても思えない。そこでの主役はまさに《勢》の生み出す複雑な状況であり、共産党も香港市民もパンデミックもその布置＝星座の一部なのである[※1]。

われわれは変化がさらなる変化を生み出し、ついには「ありそうもないこと」が満ち溢れてゆく時代、つまり《勢》の時代に生きている。専門家といえども、それを事前に予測し制御することはできそうにないし、米中のような大国ですら、雪だるま式に自らを膨れ上がらせる《勢》の力には追随するしかない。いったん不和や確執が臨界点に達すると、すべてを台無しにするまで「天下大乱」は続く。『三体』はそのような危機の時代のアレゴリー（寓話）になり得ている。

しかも、『三体』の数々の災厄は、その宇宙規模の苛酷な法則によっていっそうエスカレートすることになる。第二部では「宇宙社会学」の単純明快な「公理」と称して、以下の二点が示される。

一、生存は文明の第一欲求である。

二、文明はたえず成長し拡張するが、宇宙における物質の総量はつねに一定である。

『三体』の宇宙では、自己保存を第一欲求とする無数の文明が、猜疑心にとりつかれながらヒステリックに宇宙を監視している。どこかの星がうっかり自らの位置情報をさらすと、容赦のないジェノサイドの対象となる。星々が平和的に協調することはあり得ないし、運よくジェノサイドを免れるということもない。「他者は地獄」であり、偶然の入り込む余地はないというのが『三体』の基本的な思想である。

こうして、おのおのの文明がハンターとして他文明をうかがい、危機の兆候をつかめばすぐに殲滅しようとする「黒暗森林」としての宇宙は、ホッブズ的な「万人の万人による闘争」の様相を呈する。地球人を科学力で圧倒する三体人でさえ、この危険きわまりない宇宙では、慎重に身を潜めていなければ、あっという間に絶滅してしまう。ここには「適者生存」を旗印とする、かつての社会ダーウィニズムが宇宙規模のヒステリーを伴って再来している。『三体』は「自然選択」のような進化論用語をこれ見よがしに用いながら、いつでも大量絶滅の起こり得るディストピア的な宇宙を際立たせていた。

＊

ところで、『三体』の大きな特徴は、理論物理学者や社会学者、天文学者のような学者たちが物語の鍵を握っていることである。『三体』というタイトルそのものが、物理学の「三体問題」から来ている。さらに、第二部以降の中心人物となる羅輯（ルオ・ジー）は、中国語の「ロジック」と同音である。つまり、『三体』の世界像とは、エリート的な知識人たちのもつ世界像の集積なのである。

そのため、『三体』はたんなる娯楽小説にとどまらず、世界認識の複合体という性格をもつ。これは中国小説そのものの特徴であり、現に『三国志演義』や『水滸伝』のような小説には、政治思想や軍事技術の書物としての一面がある。例えば、『三国志』の諸葛亮が劉備に披露する「天下三分の計」は、それ自体が政治的な均衡理論のプレゼンテーションであった。権謀術数の渦巻く『三体』が雑多な思想書のような性格をもつのは、中国小説の伝統に照らしてもまったく不思議ではない。

と同時に、そこにはSFの源流を思い起こさせる要素もある。現に『三体』は、ジュール・ヴェルヌやH・G・ウェルズのようなヨーロッパの総合的知識人の手がけた科学小説――SFというジャンルが確立される以前の、いわばプロトSF――への先祖返りとして読むこともできる。特に、ウェルズの悪夢的世界は、劉慈欣の最大の持ち味である負の想像力と符合するところが多い。

例えば、『三体』第三部では地球が三体人に急襲され、全人類がオーストラリア大陸に収容される場面がある。数十億の人類が強制移住させられた難民となり、食糧の乏しい大地に無慈悲に投げ出される――これは人類ひいては人類史そのものの遺棄であり、数少ない生存者は社会も文化も尊厳も失ったゾンビになり果ててしまう……。人間を人間ならざるものへと思想改造してしまうというモチーフは、文革の場面をはじめ『三体』のあちこちに見られる。

この何とも嫌なシーンは、イギリス人ウェルズの世紀末小説『宇宙戦争』（1898年／原題は*The War of the Worlds*）を彷彿とさせる。そこではサディスティックな火星人が圧倒的な科学力によってイギリスを占領し、地球人を捕獲してその血を吸いとるが、それはアジアやアフリカを蹂躙し植民地化した大英帝国のふるまいの鏡像でもある。非西洋人を人間扱いせず、蟻のように踏みつける傲慢な植民地主義者の態度が、今度はイギリス人自身に差し向けられる――研究者はそこに「反転した植民地主義」という、ねじれた構造を認めてきた（丹治愛『ドラキュラの世紀末』参照）。

周知のように、21世紀の中国はアメリカと並び立つ「超大国」へと邁進する一方、香港や新疆、チベット等への圧力をいっそう強めている。しかし、中国が超大国化を夢見ることは、同時に「一歩間違えれば、逆に自らが支配されてしまうのではないか」というヒステリックな恐怖や不安をも増大させるだろう。習近平時代の前夜に完結した『三体』には、まさに《反転したチャイニーズ・ドリーム》が刻まれている。ウェルズがダーウィニズムを背骨としながら、大英帝国の不安を悪夢に変えたように、劉慈欣もユーラシアの大国へと生まれ変わろうとする中国の「恍惚と不安」を、苛酷な生存競争の法則に貫かれた悪夢的宇宙へとジャンプさせたのである。

＊

さらに、『三体』が高度な監視社会のアレゴリーを含むことも見逃せない。三体人は《智子《ソフォン》》というミクロのコンピュータを駆使して、地球人の言動を監視し、その計画を筒抜けにしてしまう。その監視の網の目から逃れるために、孤独に戦略を練る羅輯ら四人の《面壁者》も、ホンネを口にすることは許されず、身近な人間すら信用できない状況に陥る。この《智子》のもたらした疑心暗鬼と相互不信に、他人はおろか、友人や家族どうしの監視・密告すら横行した文革時代の暗い記憶が及んでいるのは確かだろう。

今の中国で監視社会をリアリズム的に描くと、さまざまな軋轢が生じるのは避けられない。といって、ＳＦならば安全というわけでもない。劉慈欣がうまいのは、文明の衝突や監視社会の悪夢を高解像度で描きながら、それが社会批判に直結しないように、バイパスを設けていることである。《面壁者》には監視社会の強いる沈黙や不信が濃縮されているが、同時に彼らは地球防衛のかなめであり、たんなる犠牲者や隷属者というわけではない——このような役割の按排は実に巧妙である。バラク・オバマやザッカーバーグに礼賛される一方、中国で大きなお

咎めもなく大々的に出版されるような小説は、後にも先にもほとんどないだろう。※2

ともあれ、『三体』では政治家の影が総じて薄い一方、孤独な知識人の姿がたびたび際立たせられる。このような心理的な陰影は、やはり中国の歴史的文脈から考えられねばならない。もともと、中国は知的な教養を備え、公的な使命感をもった士大夫が、政治・文化の中枢を占めてきた国である。しかし、20世紀に入って科挙が廃止され、かつての士大夫が「知識分子」へと装いを改めるなか、知識人の威厳は削られてゆく。インテリ嫌いの毛沢東は、文革において紅衛兵を動員し、知識人をもてあそび辱めた。この無惨な出来事は、モラルの崩壊と知識人の象徴的下落を極限まで推し進めることになった。

文革から始まる『三体』の壮大なストーリーは、知識人の受難がすべての発端にある。このつらいトラウマ的な「痛史」を償うかのように、羅輯をはじめ中国人学者たちはたえず知略をめぐらせて三体人を出し抜こうとし、さらには宇宙の「公理」をも理解しようと努めるが、最終的にはその知的努力のすべてを無に帰するようなアモラルな遊びが、星々の大量絶滅をもたらす。世界を理解しようと悪戦苦闘する学者と、それをもてあそぶ子どもじみた戯れ——この構図は『三体』において何度も反復される。

例えば、三体文明の発した観測機の《水滴》。劉慈欣は《水滴》のフォルムを、厳密に幾何学的なものとして描いた。それは作中でも言及されるように、アーサー・クラーク／スタンリー・キューブリックの『2001年宇宙の旅』のモノリスを思わせる。ただ、モノリスが超然としているのに対して、《水滴》は恐るべき高速で動き回っては、戦艦や都市を一方的に破壊するのだ――まるで子どもの「おはじき」が最悪の兵器として現れたかのように。

あるいは、太陽系にゴージャスな破滅をもたらす次元削減兵器の《二向箔》（邦訳では《双対箔》）。この兵器が三次元の宇宙を二次元へと崩落させてゆくシーンには、SF史において稀に見るような、この上なく華麗で奇想天外な想像力が駆使されている。その崇高にして邪悪な二次元の「絵画」は「芸術は行われよ、たとえ世界は滅びようとも」（ベンヤミン「複製技術時代の芸術作品」参照）というファシズム美学の合い言葉を否応なく想起させるものだ。この《二向箔》もいわば子どもの「おりがみ」のように他愛のないシンプルな兵器にすぎない。しかし、それこそが太陽系史上空前のジェノサイドをもたらすのである。

それまで人類が営々と積み重ねてきたものが、子どものおもちゃのような《水滴》や《二向箔》によって瞬時に破壊される――しかも、それは上位の文明からすれば、ほとんど鼻歌まじりになされる程度のことにすぎない。ここにはimmoral（＝道徳に反する）という以上にamoral（＝道徳と関連しない）な残酷さがある。地球人にとっての大惨事は、モラルなきダークな宇宙では、とるにたらない些末な現象として扱われるだけである。

こうして、地球上の事件が目もくらむほどのゴージャスな破局にまでエスカレートする一方、その宇宙規模の破局が子どもじみた遊びに対応づけられる――このめまぐるしい美学的転調こそが『三体』の世界観の核心にある。劉慈欣は最悪の地獄こそを最も崇高に演出し、おぞましい大量絶滅のトリガーこそを最も無造作に引いてみせる。これは下手をすれば、小説の最低限の倫理をも踏みぬいてしまうものだが、そこに《勢》の時代のアモラルな美学が樹立されていることも確かである。

＊

ところで、『三体』はすでにアカデミックな研究対象となり、現代の古典と呼べる地位を獲得している。もともと、「怪力乱神を語らず」（『論語』述而）という儒教的なタテマエをもつ中国は、SF不毛の地域であったが、『三体』はこの劣勢をほとんど一人で引っ繰り返したばかりか、いきなり世界水準へと到達してしまった（ケン・リュウによる優れた英訳の功績も大きい）。中国人研究者たちはこの前代未聞の現象を受けて、『三体』を改めて中国文学史のコンテクストに位置づけようとしている。興味のある読者のために、その一端を紹介しておこう。

いち早く『三体』に注目した文学研究者は、ハーバード大学の王徳威である。王徳威は21世紀初頭の『三体』を、20世紀初頭の中国小説に見られたユートピア主義の再来として捉えている（David Der-wei Wang ed., *Utopia and Utopianism in the Contemporary Chinese Context*）。

もともと、中国近代文学の起源には、科学的なユートピアのヴィジョンがあった。社会ダーウィニズムを背景とするジャーナリストの梁啓超は、１９０２年の『新中国未来記』において、最先端のテクノロジーを吸収し、殖産興業に尽力して世界に冠たる強国となった未来の中国の姿を描き出している（そこには上海万国博覧会の場面を含むが、これは2010年に実現した）。『新中国未来記』はSFというよりは、日本の政治小説（末広鉄腸『二十三年未来記』等）の影響を受けつつ、科学の普及をめざしたジャーナリスティックな著作だが、そこには《新中国》を科学技術＋文学の力で創造しようとする意気込みがはっきり示されていた。

この梁啓超のユートピアにはアクチュアリティがある。一帯一路構想を掲げる21世紀の中国は、いわば世界じゅうで歓迎される《新中国》へと生まれ変わろうとしている。高度なディジタル技術を活用しながら、シルクロードを再創造しようとする中国の構想は、大なり小なりユートピア主義的な要素を含むだろう。それに一歩先んじて、1961年生まれの哲学者・趙汀陽の「天下主義」のように、国家間の平和を実現すると称するイデオロギーが台頭していたことも見逃せない。共産主義というユートピア主義はすでに潰えたが、その失敗を償うようにして、天下主義という古くて新しいユートピア主義が浮上したのである（拙著『ハロー、ユーラシア』参照）。

王徳威が言うように、劉慈欣の『三体』はまさに、梁啓超らが種をまいた一世紀前のユートピア主義およびダーウィン主義の遺産を呼び覚ます小説である。その反面、『三体』の宇宙は、諸文明が平和的に共存する「天下」というユートピアとは逆に、むしろ諸文明がハンターとしてお互いを殲滅しようとするディストピアとして描かれた。要するに、『三体』とは中国のユートピア主義のミーム（文化的遺伝子）が突然変異して生み出された、ダークな変異体なのである。この「変異」の背景に、21世紀の超大国になろうとする中国特有の不安が垣間見えることは、先述したとおりである。

もう一人、香港や大陸で教鞭をとる許子東も、百年の中国小説を回顧した研究書を、梁啓超の『新中国未来記』で始め、劉慈欣の『三体』で締めくくっている。許子東は《水滴》のフォルムや質感の描写を絶賛しつつ、『三体』には次の三層構造があるとまとめている。

一つめ。文革は災厄であり、その災厄は中国を超え出るということ。二つめ。中国の国家としての勢いが日増しに強くなり、ある程度まで地球をリードするということ。三つめ。力は恐怖に由来し、ひとびとが生存を求めるほど、ひとびとは敵になり得るということ。（『重読二十世紀中国小説』）

要するに、『三体』は中国の悲劇の歴史（文革）に根ざし、かつ今の中国の国力を背景としながら、文明間の生存競争を描き切った小説だというのである。中国の時空間に徹底して内在することによって、かえって中国を超越した宇宙像へと到る——このような両極性は確かに『三体』のユニークさの源泉だろう。

王徳威にせよ、許子東にせよ、『三体』が世界水準のＳＦであることを認めつつ、あくまで中国の歴史的なコンテクストから読み解こうとしている。実際、文革の暴力と恐怖が、『三体』のアモラルな場面でたえず反響しているのは明らかである。『三体』に潜むさまざまな暗号には、歴史の亡霊が憑依しているのだ。

※1　この論点については以下のウェブ記事でも触れている。拙稿「中国の急激な膨張を支える《天下主義》という強烈なイデオロギーの正体」(https://gendai.media/articles/-/87274)

※2　ノーベル文学賞候補にもあげられる1958年生まれの閻連科が、反体制的な作家であり、その多くの著作が発禁処分を受けているのに対して、劉慈欣はそのような危うい橋を渡らない。それゆえ、欧米のメディアはときに、彼を体制に迎合的な作家として批判した。もとより、中国の作家を安全地帯から批判するのはいかがなものかと思うが、ただ、中国のSFが今後「国策」として利用されることは大いにあり得る。SFだからといって、政治的に中立ということにならないのは、改めて肝に銘じておくべきだろう。

インターネットはアートをどう変えるのか?

ボリス・グロイス『流れの中で』評

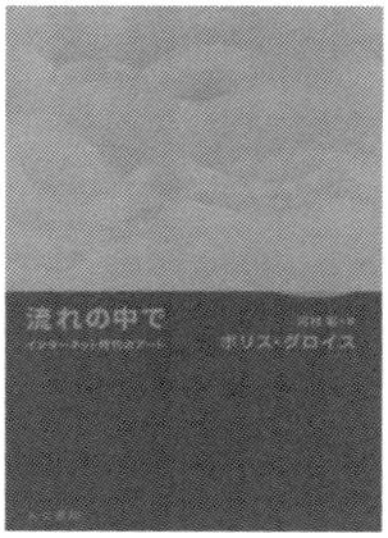

ボリス・グロイス
『流れの中で インターネット時代のアート』
（河村彩訳／人文書院／ 2021年）

インターネットはアートをどう変えるのか？　これは誰もが気になるテーマだろうが、それに理論的に答えるのは容易ではない。美術批評家のボリス・グロイスは本書『流れの中で』でこの難しいテーマに果敢に挑んだ。その興味深い論点を四つに分類しておこう。

〈1〉近代人は唯物論的なものの見方に慣れている——つまり、人間は死すべき有限の存在であり、物質的な条件からは決して逃れられない、というように。しかし、唯物論がもたらすのは、実はそれ以上の認識である。「すべてのものは有限であるが、それら全ては無限の物質の流れの中に巻き込まれている。したがって、唯物論者の全体性、つまり流れの全体性が存在する」。あらゆるものに有限性が刻印されているが、その有限の物質の流れ（flow）は無限に続く——グロイスの考えでは、このような世界像こそが唯物論の帰結である。[※1]ゆえに、唯物論的な全体性があるとしたら、それは「フロー」にほかならない。

このようなフローの唯物論は、今や美術のあり方にも浸透している。美術作品は世界じゅうを漂流し、一箇所に定住することはない。「現代では、ある展示から別の展示へと、あるコレクションから別のコレクションへと美術作品は永遠に循環する。そしてこれは美術館が時間の流れの中へといっそう巻き込まれつつあることを意味している」。観客もこの果てしなき流れの一部となり、展示から展示へと漂流し続ける。巨匠の名画の前にじっとたたずんで、孤独に沈思黙考する——このような省察の場としての美術館は、今や流動化にさらされて、ノスタルジーの対象になりつつある。

その結果、美術館のあり方は、物質を救済する「アーカイヴ」という以上に動的な「イベント」（上演、講演、パフォーマンス、ガイドツアー……）の連続体に近づく。時間に抵抗して芸術の永遠を夢見るのではなく、むしろ一過的な情報のフローに進んで身を任せること——そのような傾向がインターネットの浸透とともにいっそう加速するのだ。この美術館のフロー化・情報化と連動して、イベント企画者としてのキュレーターの地位がますます上昇するようになった。美術館の実体は今やイベントの集合体のように思える……。

〈2〉しかし、それは今に始まったことではない。アートを物質のフローに投げ込もうとしたのは、20世紀前半のロシア・アヴァンギャルドである。ロシア・アヴァンギャルドは美術館を批判し、むしろ美術館の外に広がる都市やデザインに活路を求めた。グロイスによれば「ラディカルなアヴァンギャルドは普遍的であることを望み、物のありふれた運命を共有することを望んだ。直接的な現実主義であり、直接民主主義であり、いわば超民主主義であることを望んだ」「アヴァンギャルドの芸術家たちは自分の芸術作品を物質的な流れの中に投げ入れようとしていた」。物質のフローに接近しようとするとき、美術館のように特定のモノを恭しく「保護」するシステムはむしろ邪魔なのである。

皮肉なことに、物質の平凡な「運命」（＝有限のものたちの無限のフロー）と同化しようとしたアヴァンギャルド芸術は、やがて自らの敵視した美術館に回収された。それでも、ロシア・アヴァンギャルド——特にそこから派生したロシア構成主義——の遺伝子は、グラフィック・デザイン、ポスター、ファッション、家具等に散種され、今でもその痕跡はわれわれの日常生活に残っている。[※2] ロシア・アヴァンギャルドは物質のフローとシンクロすることに、ある程度まで成功したのである。

興味深いことに、ロシア・アヴァンギャルドの旗手カジミール・マレーヴィチは、自ら進んで物質の世界に「感染」しようとし、主著の『無対象の世界』でも細菌学的なモデルを採用した。グロイスによれば、マレーヴィチの思考には「他者性への感染」の意志が充満している。「モダニズムは感染の歴史である。政治運動に、大衆文化と大量消費に、そして今ではインターネット、情報技術、インタラクティヴィティに感染した」。このような外部へのラディカルな開放性こそが、美術館に閉じ込められた古いタイプの芸術を破壊する——ちょうどウイルスが人間を偶発的に変質させるように。この感染によって、モダニズム芸術家は有限の物質の生み出す無限のフローのもつ力と接触することを試みたのである。

〈3〉それにしても、美術館とはどういう制度なのか。それは物質の美学化を進めるシステムである。では、美学化とは何か。グロイスの考えでは、それは聖なるものを死骸に変える形式である。「美学化は伝統的な偶像破壊よりもはるかに過激な死の形式である」「美術館は、過去を救いがたく死んだものとして明示する」。これはどういうことか。

私なりに説明しよう。例えばピラミッド。それは多くの尊い生命を犠牲にした、反人道的な建築物である。しかし、われわれが「美学的」な態度でピラミッドを鑑賞するとき、そのような道徳的な判断はカッコに入れられる。あるいは教会や仏像。それは宗教的な目的に沿って作られたものだが、信仰心がなくとも、その美しさに心うたれることがある。はたまた医学書。それは実用的・学問的な目的で書かれたものだが、SF作家のJ・G・バラードは、そこに掲載された人体損傷の写真をポルノグラフィの素材に変えてしまった……。

このように、美学的なまなざしは、道徳性・宗教性・実用性とは別の次元へのアクセスを可能にするが、そこにはグロイスの言う「死の形式」が刻印される。美術館の聖なる対象はある意味で死んでいるからこそ、そこには美学的なまなざしが無遠慮に向けられる。このタブーなきアクセスの拡大は、近代そのものの原理と深く関わっている。「美学の分野は平和な思索の空間ではなく、異なった眼差しがぶつかり、戦う戦場である」。近代が望むのは、異なる意見が競合し、ときにぶつかりあう多事争論の場である。美学化のプログラムは、そのような場を創設するのに欠かせない。

〈4〉もっとも、このような美学化のプログラムは美術館の専有物ではない。実際、インターネットでは日々、自ら進んで他者の「監視」を望みながら「美学的な自意識と自己生成的なセルフ・プレゼンテーション」に駆り立てられたユーザーが生み出されている。

グロイスが言うように「インターネットはその本質において監視の機械である」。ネット上での書き込みやクリックは、追跡可能なデータをまきちらすことと同じである。情報を他者に向けてシェアすることも、その情報をより多くの監視の目にさらすことと等しい（そのシェアは場合によっては「密告」に近くなる――そう考えると、前章で評した『三体』の世界像は権威主義国家だけに当てはまるわけではない）。ただ、インターネットにおいては、他者からの監視がなければ他者からの承認も得られない。SNSから昨今話題のメタバースまで、そこでなされるのはプロフィールを増大させ、監視＝承認の対象に仕立ててゆく作業である。美学化のプログラムは、美術館の外でますます加速しつつある。

それに対して、このような美学化とは別の次元で作動するのがGoogleである。グロイスが言うように、Googleは言語を単語レベルに分解し、文法を無効化する「哲学機械」である。Googleを介して、われわれは簡単な単語入力でネットワークと対話する。Googleの与える脱文法的な言語は、肯定か否定かというオペレーションすら無意味にしてしまう。「文法の崩壊と個別の単語の解放は、イエスとノーとの間の違い、肯定的な立場と批判的な立場の間の違いを取るに足らないものにする」。

こうして、インターネットという情報の「フロー」は、言語を単語へと切り刻んでゆく哲学機械に支えられつつ、相互監視のなかで美学的なセルフ・プレゼンテーションにいそしむ無数のユーザーたちを生み出している。この機械と人間の対比は、実に鮮烈である。思うに、SNSならば大勢に見られたいが、Googleの検索履歴だけは誰にも見られたくない――そう感じる人間が大半ではないだろうか。ソーシャルな次元がどんどん美学化されてゆく一方、その底面にはまったく美しくないデータが広がっている。Googleというクールな哲学機械だけが、この目を覆いたくなるような酸鼻な光景を知っているのである。

ただ、グロイスが強調するように、インターネットにおける情報の洪水が、いわば偽のフローであることも確かである。インターネットのデータは無限に続くように見えて、実は有限の物質に格納されているにすぎない。それゆえ、将来大規模なサイバー戦争が起これば、それは「インターネットを破壊し、少なくとも深刻なダメージを与えるだろう」。現に、ロシアのプーチンからすれば、ウクライナを支援する西側のインターネットは厄介な敵であり、したがってその破壊を企てたとしても不思議はない。インターネットのフローが唐突に打ち切られることは、十分に「想定の範囲内」である。

＊

ともあれ、ボリス・グロイスの関心は《有限の物質の生み出す無限のフロー》という唯物論的な全体性において、アートひいては人間の生がいかに再編されるかに向けられる。その意味で、グロイスの立場は普遍主義的である。彼がSNS以上にGoogleさらにはウィキリークスに関心を寄せるのも、そのためである。

われわれの時代には、特定のアイデンティティや利害の名の下に抗議し、抵抗することに慣れるようになった。自由主義や共産主義のような普遍的なプロジェクトの名の下での抵抗は過去のものであるように思われる。しかしウィキリークスの活動は特定のアイデンティティもしくは利害のためではない。むしろ彼らは、情報の自由な流れを保証するという一般的で普遍的な目標を持っている。こうしてウィキリークスという現象は、普遍主義の政治への再導入を示している。

今はSNSを舞台としたアイデンティティ・ポリティクスが全盛を迎えている。これはまさに「特定のアイデンティティや利害」を起点として、偏見や不平等を解消しようとする動きである。逆に、ウィキリークスにおいては普遍主義が再来している。国家に情報の流通の自由を奪わせないというウィキリークスの簡潔明瞭なプログラムは、特定のアイデンティティとは無関連に作動する。「彼らは中立的で匿名の主体であって〔…〕現代生活のインフラを広めるインフラ主体なのである」。

とはいえ、グロイスが鋭く指摘するように、ウィキリークスの普遍主義的な企ては、国家を出し抜く「陰謀」のように実行されざるを得ない。そのため、アイデンティティ・ポリティクスが今や市民運動の晴れやかな中心になっているのに対して、ウィキリークスの創設者ジュリアン・アサンジは、国家を害する犯罪者として嫌悪されている。アイデンティティをベースとした語り口が共感を集める反面、自己のアイデンティティをゼロにして、普遍的なインフラを構築しようとする企ては、人目をはばかるような後ろ暗い境遇へと追い込まれる――これは確かにきわめて興味深い対比だろう。

この「陰謀としての普遍主義」に対する関心は、「東側」に生きたグロイスならではのものである。彼は最近では『ケアの哲学』や『コレクションの論理』のような人目を惹くテーマにも取り組んでいるが、もともとはソ連のスターリン時代のアートや文化に斬新な解釈を施して、一躍名を馳せた批評家である。アートについて語るとき、グロイスの批評には、共産主義という普遍主義の実験がたえず反響している。

そもそも、人間に関わるものごとをトータルに変革しようとしたソ連は、まさに20世紀最大の実験国家であった。共産主義革命はロシア一国にとどまらず、地球全体に「新しい人間」の到来を告げる曙光となる――この壮大な野心に貫かれた世界革命のプロジェクトは、ゼロから立ち上げられた未知の芸術作品のような様相を呈した。グロイスによれば「ソヴィエト連邦全体がある種のインスタレーションとして形成されたということができる」。歴史的・風土的なアイデンティティを消去して、政治的な綱領だけを冠した国家規模のインスタレーション――われわれがこのような「奇観」を目にすることは、恐らく今後ないだろう。

普遍主義的な立場から、すなわちアイデンティティ・ゼロの「誰でもない存在」の立場から、人類史に決定的なジャンプをもたらそうとしたロシア革命は、前衛芸術とも親和性の高いものであった。マレーヴィチにせよ、ウラジーミル・タトリンにせよ、自分たちの推し進めた芸術革命こそが、1917年のロシア革命の予告編になったと自負していた。[※3] まるでアヴァンギャルド芸術の実験のようであったソ連というプロジェクトは、しかし結局は頓挫する。この壮大なユートピア的実験の廃墟で《普遍主義の亡霊》とどう向き合うか――グロイスの理論はこの難題に導かれてきた。

＊

グロイスは歴史と理論のあいだの緊張を保ちながら、現代アートの諸問題に切り込んできた稀有な批評家である。その態度は、人類の歴史そのものを超越しようとしたソ連の共産主義＝普遍主義の経験から来ている。西側の「われわれ」はつい自由民主主義を人類のファイナル・

アンサーと考えてしまうが、30年前まではそのような自己満足的な態度はとうてい成立しなかった。権威主義の台頭とともに、西側の自由民主主義へのバックラッシュが鮮明になっている今、われわれは自身の価値観について改めて内省すべきときに来ている。

例えば、西側では多様性はほぼ無条件に好ましいものと見なされる。現代アートもすでに少数の巨匠の独占物ではなくなり、多様な——人種的・ジェンダー的・国籍的にも多様な——アーティストの参加する領域となった。マルセル・デュシャンが便器を《泉》と称して展示して以来、どんなつまらないモノやイメージにもアート・ワールドへのアクセス権が与えられた。グロイスが『アート・パワー』で論じたように、デュシャン以降の現代アートには、あらゆるイメージの価値は等しいという「美学的権利の平等性」という観念が潜んでいる。

しかし、こうした多様化・差異化が促されたのは、西側のアート・ワールドが「市場」によって標準化されたことと切り離せない。その「普遍性」はあくまで歴史的な産物である。だとしたら、「市場」によってプログラミングされた西側のアートは、共産主義の旗印のもと「国家」や「理念」によってプログラミングされたかつての東側のプロパガンダ・アートよりも、果たして無条件に優位に立ち得るのか？　このような相対化の視点がグロイスの理論を特徴づけてきた。

しかも、本書はその先の問いにまで進んでいる。というのも、インターネットが可視化したフローの唯物論は、市場とも国家とも異なるやり方で、アートの規則をリプログラミングしつつあるのだから。繰り返せば、20世紀のロシア・アヴァンギャルドは、すでに《有限の物質の生み出す無限のフロー》に接近していた。21世紀の社会は、インターネットという有限の情報のフローによって無限のフローを飼い慣らしてきたが、未来のサイバー戦争はその制御システムを破壊しかねない。仮にそうなれば、われわれは無防備のまま、物質のフローに遭遇することになるだろう。

もとより、フローとの関わりは、主体が完膚なきまでに破壊される危険を孕んでいる。むきだしのフローの力と接触すると、人間はマリオネットとなり、ついには『三体』のようなアモラルな絶滅にまで事態が進みかねない。劉慈欣はこの悪夢を「芸術は行われよ、たとえ世界は滅びようとも」というゴージャスなファシズム美学へと展開した。逆に、この苛酷なフローを演劇的な治癒のプロセスへと変換したのが、濱口竜介監督のロードムービー『ドライブ・マイ・カー』である。日本の家福から韓国のみさきへとサーブが乗り継がれる結末は、場の共有とリレーにフローを操縦する鍵があることを暗示している。

してみると、フローの力との接触面をどう描くかは、文学、映画、アートを問わず、各ジャンルの共通の課題になりつつあると言えそうだ。それゆえ、本書はアートの専門家以外にも、精読される価値がある。共産主義＝普遍主義の亡霊を引き連れながら、思考を留保なく推し進めてゆくボリス・グロイスは、われわれがフローの全体性に乗り移ろうとするその手前のところに、いわば「トランジット」（乗り継ぎ）としての理論を設置したのである。

※1　グロイスはすでに彼の出世作『全体芸術様式スターリン』において、フランスのポスト構造主義に潜む「無限」の概念について言及している。グロイスによれば、フランスの哲学者たちは無限の神や精神を解体したが、その反面で「無限の記号の戯れ」（デリダ）や「無限の欲望」（ラカン／ドゥルーズ）を導入した。しかし、それはエクリチュールの有限性（物質性）にアクセントを置く彼らの思想と食い違う。「人間と言語は〔…〕宇宙と歴史をつらぬく欲望の無限の奔流に内包される」「ポスト構造主義的な言説が従来どおり無限性を拠りどころとする以上は、この言説は、どんな言語も有限であり物質的であるというそもそもの大前提と齟齬をきたす」（亀山郁夫他訳）。むろん、デリダやドゥルーズの議論がそれほど単純とは思わないが、フランスの有限性＝物質性の哲学は欲望の無限性に条件づけられているのではないかというグロイスの問題設定は、改めて再検討される価値があるだろう。

※2　ロシア・アヴァンギャルドの作家たちは「情報の伝達と事物の加工」を生活のレベルで実践しようとし、資本主義（商品経済）とは異なる社会主義（計画経済）の理念のもと、デザインと造形の革命を推し進めた。この点については、本書の訳者である河村彩の『ロシア構成主義』が豊かな知見を与えてくれる。
　なお、芸術を生へと開いていこうとするアヴァンギャルドの試みが、結果的にスターリンの全体主義に回収されたというのが、グロイスの『全体芸術様式スターリン』の見立てであった。ミシェル・フーコーの「生政治」の概念を利用してアート・ドキュメンテーションを分析した論文（『アート・パワー』所収）からも分かるように、芸術を「生あるもの」に変えようとする衝動は、グロイスの理論的考察の中心にある。その一方、ウラジーミル・タトリンの《第三インターナショナル記念塔》にインスパイアされたアーティストの毛利悠子が、傑作《墓の中に閉じ込めたのなら、せめて墓なみに静かにしてくれ》でタトリンの螺旋階段の亡霊を呼び出したことは、構成主義をサバイブさせる実に興味深い試みだと言えよう。

※3　興味深いことに、マレーヴィチはウクライナ（当時はロシア帝国）のキエフ近郊出身であり、タトリンはハリコフで幼少期を過ごした。さらに、グロイスの盟友で、本書でも論じられる現代アーティストのイリヤ&エミリア・カバコフも、ウクライナのドニプロ出身である。ウクライナにゆかりのある作家たちが、ロシアの芸術的実験の中心にいたことは改めて想起されてよいだろう。

泡の中、泡の外

カズオ・イシグロ『クララとお日さま』評

カズオ・イシグロ
『クララとお日さま』
（土屋政雄訳／早川書房／ 2021年）

私はカズオ・イシグロの熱心な読者ではなかった。大学院生のときにイシグロの『わたしを離さないで』を読んで、これはかつて江藤淳の言った「フォニイ」（空っぽでみせかけだけの／インチキの／もっともらしい）そのものではないかと強く反発した記憶がある。この勇ましすぎる感想は「若気の至り」だが、完全に的外れでもないだろう。『日の名残り』の語り手である執事スティーヴンスをはじめとして、イシグロはまさに、本人の自意識に反して「空っぽでみせかけだけ」の人生を歩んだ人間を描いてきたのだから。むろん、フォニイを描くその作家がフォニイとは限らない。だが、フォニイであることを免れた書き手が今時いるだろうか。「私はインチキではない、本物だ」と言う作家や評論家がいるとしたら、それこそフォニイにすぎない……。

もとより、こういう堂々巡りは辛気臭い。フォニイであることを免れない私は、どこか疲労とむなしさを感じて、イシグロの小説から遠ざかった。ただ、彼がポスト冷戦期の不透明な世界と並走しながら、無自覚の「自己欺瞞」をおこなう語り手を描いてきたことは、やはりこの作家ならではの透徹した認識を示している。その認識の射程は、フィクションの枠内にとどまらない。ドナルド・トランプが米大統領に就任した２０１７年のノーベル文学賞受賞講演で、イシグロは次のように述べていた。

ここ何年か私は泡の中に生きてきたことに、最近気づきました。泡の中にいて、周囲の多くの人々の苛立ちや不安に気づかずにいたようです。私を取り巻く世界は教養と刺激にあふれ、リベラルな考えをもつ皮肉っぽい人々が集まっている世界です。しかし、それは想像していたよりずっと小さな世界だった、といま思います。（『特急二十世紀の夜と、いくつかの小さなブレイクスルー』土屋政雄訳）

イシグロは「ベルリンの壁が崩壊して以降、私たちはうぬぼれ〔complacency〕の時代、機会喪失の時代に入っていたのかもしれません。富と機会をめぐって、国内にも国家間にも大きな不平等が広がるのを見過ごしてしまいました。とりわけ、２００３年には大失敗に終わったイラク侵攻がありましたし、２００８年の経済恐慌以後には、長期間にわたる強制された緊縮政策によって庶民が苦しみました。極右思想や部族的ナショナリズムが跋扈する現在は、それらの結果として存在します」と続ける。多くの社会的矛盾が露出していたにもかかわらず、西側の「リベラルな考えをもつ皮肉っぽい人々」は自分たちのやり方がうまくいっているという自己満足を改めなかった。そこにはまさに無自覚の自己欺瞞がある。

例えば、イシグロも言及するイラク戦争。アメリカはジョージ・W・ブッシュ大統領のもと、イラクのフセイン政権が大量破壊兵器を所持しているという名目で戦争を仕掛け、政権を転覆した。しかし、その所持の証拠は結局見つからずじまいである。その後、オバマ政権になってテロリスト殲滅のためにドローン空爆が急増したが、そのせいで無辜の民が巻き添えになった。のみならず、キューバのグアンタナモ収容所ではテロリストの疑いをかけられた無実のひとびとが拷問を受けた。《泡の中》では「それはもう過ぎたことだ。今だいじなのはロシアだ」と都合よく過去が修正されているが、《泡の外》で理不尽な攻撃を受けたものたちが、蛮行を「なかったこと」にするはずはない。

今般のウクライナ戦争のようなカオス的状況になると、フェイクニュースが乱れ飛ぶが、しかし本当はもっとおおもとのところにインチキが隠れている。戦争が暴露するのは、われわれ自身が空っぽでみせかけの《泡の中》に住む「フォニイ」だということである。そう考えるとき、イシグロの登場人物は、われわれの見たくない鏡像として浮かび上がってくるのではないか。

＊

前置きが長くなったが、イシグロの最新作である『クララとお日さま』の読解に進もう。語り手は、未来の人類の友人として設計されたＡＦ（アーティフィシャル・フレンド）のクララ。アンドロイドのクララはショップで待機中に、少女ジョジーと出会って、彼女の家に引き取られる。この未来社会では「向上処置」と呼ばれる遺伝子操作が普及しているが、ジョジーは恐らくその副作用で重い病気にかかっている。人間たちの生身のつながりが希薄になる一方（ちょうどパンデミック時代の人類のように、ジョジーはデバイスを使って学習をしている）、クララは献身的にジョジーに尽くし、その成長と回復を支援する。AFとは、ドナルド・ウィニコットの言う「移行対象」（子どもを安心させるライナスの毛布のようなもの）に、ケアラーとしての人格性を与えたものだと考えてよいだろう。

クララはちょっとしたサインをつかむ観察力や記憶力に富んでいる。そのため、他のAFと違って、人間の行為や感情を細やかに洞察し、エミュレート（模倣）することができる。本作では本物の感情とエミュレートされた感情は区別されないというより、小さなサインを見逃さない繊細で無垢なクララは、ある意味で人間以上に人間的な感受性をもつ。それゆえ、ジョジーの母親は恐るべきことに、クララがジョジーをとことん学習し、ジョジーに成り代わることすら期待するのだ。かたや、ジョジーの親友である少年リックは「向上処置」を受けていないために、人間社会の周縁にいる。人間世界の弱者ジョジーが、人間世界の「へり」にいる二人の友人によって援助される。それが本作の構図である。

だが、この図式は結末に到って転倒される。クララの献身は、主人であるジョジーを奇跡的な回復へと導く。しかし、それはクララ自身の遺棄と引き換えである。自己が傷つくこともいとわずジョジーを手厚く保護してきたクララは、ケアのプログラムが完了し、ジョジーが正常な人間世界に移行したとき、いわばポイ捨てされる——患者の社会復帰を助けるケアラーこそが、実は社会や法の保護を受けられない「ホモ・サケル」（アガンベン）であったというわけだ。ジョジーは悲しみを示すが、それは事態の残酷さに釣りあわない印象を与える。クララはまるでパソコンのデータを消すようにあっさり社会から消去され、移動もままならないスクラップとなって一人たたずむ。

とても大きな置き場です。わたしのいる特別な場所から背の高い何かを探しても、はるか遠くに建設用クレーンがあるのしか見えません。空がとても広く、開けています。リックとわたしがいま一度マクベインさんの草原を行くとしたら、とくに草が刈られてしまっているいまは、空がちょうどこんなふうに見えるのかもしれません。空が広ければ、お日さまの旅を何にも邪魔されずに見られます。わたしには、曇った日でもお日さまのいまの位置がわかります。

これはまさに《泡の外》の光景である。ジョジーの回復という奇跡はすでに終わり、後は荒涼とした空白地だけが残る。にもかかわらず、クララは抗議も抵抗もしない。優れた知的能力をもちあわせたクララの献身と祈りは、一見すると美しい。しかし、それは能力主義に支配された世界を何ら改善しない。要するに、クララは間違った世界で、自分の役割に服従しているのである。

＊

このように、『クララとお日さま』は嫌味な小説である。子どもたちのほほえましいやりとり、ジョジーに対するクララの無私の献身、そのすべてが《泡の中》のやさしさにすぎないのだから。彼女たちの関係が細密かつ繊細に描かれるほど、《泡の外》の空白がそのネガとして浮かび上がってくる。

クララはスクラップ置き場で、かつての店主に「特別な何かはあります。ただ、それはジョジーの中ではなく、ジョジーを愛する人々の中にありました」と告げる。人格ではなく関係にこそかけがえのない（＝エミュレートできない）固有性が宿るという、この一見して美しいメッセージは、当然アイロニーである。社会的な関係を奪いとられたクララが、ジョジーにとって「特別な何か」でなかったのは明白なのだから。関係から排除されたクララが、純真そのものと言うべき口調で関係のかけがえのなさを語る――このイシグロの嫌味に気づかなければ、本書を読んだことにはならない。

むろん、遺棄されたクララに新たな余生の可能性が開けていれば、多少救いはあるかもしれない。しかし、イシグロはスクラップ置き場に何の恩寵も与えなかった。それが結末の後味の悪さを増幅させている。

思えば、現代のアートや映画は「夢のゴミ」をさまざまなやり方で取り上げてきた。例えば、ボリス・グロイスの盟友イリヤ・カバコフには、共産主義時代のプロジェクトを展示したインスタレーションがある。それはユートピアの瓦礫を集めた「星座」と呼ぶにふさわしい。「社会主義は素晴らしいものですが、ヨファンやマヤコフスキーのユートピアの中だけのものであるべきで、決して実現させてはならない、「実行に移し」てはならないのです。社会主義は、離れたところにある限り素晴らしい」(北川和美訳、沼野充義編著『イリヤ・カバコフの芸術』)というカバコフのアイロニックな発言も、ここで思い出しておこう。

あるいは、宮台真司がリアルサウンドでの一連の啓蒙的な映画評のなかで「砕け散った瓦礫に一瞬浮かぶ星座」というベンヤミンの概念をたびたび参照するときにも、瓦礫やゴミこそが最もアーティスティックなオブジェクトになり得るという20世紀的な逆説が引き継がれている。シンボリックな全体性を夢見るユートピアの幻想があったからこそ、そのスクラップから成るアレゴリーの強度も保証された。食材が豊かであれば、たとえ料理は大失敗したとしても、そのゴミ箱はゴージャスなものになり得るだろう……。

ただ、ほとんどの人間が世界革命やユートピアを夢見なくなったとき、アレゴリカルな星座はいかに出現するだろうか。夢が萎めば、夢の瓦礫もみみっちいものになる。イシグロの描くスクラップ置き場は、パソコンのデスクトップのゴミ箱のように無機的な空白地であり、いかなる「瓦礫の星座」も描けそうにない。ポイ捨てされた機械たちは、一致団結して抗議し叛乱を起こすわけでもなく、ただバラバラに散らばって太陽に照らされるばかりだ。

してみると、本作が《泡の外》のスクラップ置き場で終わることに衝撃を受けるだけでは、読み手としてちょっとウブだろう。より重要なのは、この破局的な光景を描き出す、イシグロのそっけなく平坦な叙述のほうである。この忘れられた空白地から見渡せば、まさにタイトル通り「クララとお日さま」以外の人間はほとんど絶滅したも同然であり、ジョジーもリックもただクララの追憶のなかに存在するだけである。

もとより、現代人が《泡の中》から弾き出されるきっかけには事欠かない（失業、貧困、病、不祥事、家庭崩壊……）。たとえ束の間の成功を収めたとしても、不幸や過失があるとあっけなく《泡の外》へと疎外される。泡は脆いが、一度その外に出てホームレス——精神的なホームレスも含む——になってしまうと復帰は難しい。泡の世界は、残酷なまでに一方通行である。近年の日本では無差別殺傷事件が頻繁に起こるが、その背景にあるのは《泡の外》へと嘔吐された個人が《泡の中》に向ける怨恨であり復讐心である。

しかし、どれだけ派手な犯罪をやったところで《泡の外》の悲惨さが理解されることはほとんどない。自分とそのサークルの話題で忙しい《泡の中》の人間は、サークルの外の不幸にはたいてい無関心・無感動である。かといって、存在を忘れられた《泡の外》の人間たちが、組織的なテロリスト集団のように連帯することもない。剝き出しのスクラップ置き場にぽつんとたたずんで、それぞれがそれぞれの過去を思い返す――その孤独な想起が一方的・妄想的な憎悪に変わるか、それともクララのような運命の受容へと落ち着くか。それは紙一重なのである。

＊

それにしても、本作の世界像はあいまいで抽象的である。作品の時空間は「いつ」「どこ」なのかはっきりしないし、遺伝子操作の内実もよくわからない。それはクララにとって観測可能なものだけが、読者に与えられるからである。世界の不穏さや残酷さは、表立って語られるのではなく、クララの視界にちらつく微細な「サイン」として読者に与えられる。語り手の理解している世界と世界そのもののあいだに広がる不気味なギャップ――それは『浮世の画家』や『日の名残り』から一貫するイシグロの主要なモチーフである。

そのギャップを際立たせるのに、イシグロは主観的な語りをできるだけ首尾一貫したものに仕上げてきた。本作も含めて、イシグロの長編小説の文体はよどみがなく、つっかえたり、慌てたり、取り乱したりするそぶりはほとんど見せない。語り手の長大なモノローグを阻害するようなダイアローグは発生しない。いかなる異常事態が起ころうとも、語りのペースとトーンは維持される。特に、アンドロイドであるクララの冷静な主観（主体）は、遺棄された後も無

傷のまま保たれる。なめらかな肌理を備えたイシグロの文体は、まるでクローンのような人工性を帯びている。※1

ケアラー（介護人）やドナー（提供者）と呼ばれるクローンたちを主役とした『わたしを離さないで』をはじめ、イシグロにはもともとクローン的存在への強い関心がある。ただ、考えてみれば、そもそも小説における語りそのものが、語り手のクローンを作成するようなものではないか。読者が知るのは、スティーヴンスその人ではなくそのクローン、クララその人ではなくそのクローンである。より正確には「スティーヴンスその人」や「クララその人」はどこにもいない。小説の登場人物とはオリジナルのいないクローン、親のいない子どもに等しい。イシグロがクローンや孤児のモチーフを反復するのは、それらが小説そのもののアレゴリーだからである。

いずれにせよ、イシグロにとって、語りは文学的技法という以上に、人間存在の根幹にある行為である。『日の名残り』のいわゆる「信頼できない語り手」スティーヴンス――結果的にナチスの協力者となった主人ダーリントンに服従し、戦後はアメリカ人に仕えている――は、自らの誇りを守るために、その失敗した過去を修正する。逆に、クララは徹底して誠実かつ良心的だからこそ、人間以上に人間的なケアラーがホモ・サケルとして遺棄される残酷な世界にも服従する。この極端な語り手たちは、その語りの生み出す《泡の中》に読者をいざなっている。それにどう応えるかが、読者に与えられた問いである。

※1　スラヴォイ・ジジェクによれば、主体（subject）の基本的な身振りが「服従」（subjection）であるのに対して、客体（object）は「異論」（objection）に結びつく。ゆえに、一般的な通念とは逆に、異議を唱える客体が服従する主体をくすぐって、運動を引き起こすのである（『パララックス・ヴュー』）。このジジェクの見解を当てはめるならば、スティーヴンスにせよクララにせよ、まさに「客体を欠いた主体」として構成されている。クローン的な語りとは、主体をくすぐる客体をもたない語りなのだ（日本で言えば、村田沙耶香の『コンビニ人間』がそれに近いだろう）。

なお、イシグロ研究者のヴォイチェフ・ドゥロンクは「小野〔『浮世の画家』の語り手〕とスティーブンスの語りは治療という重要な目的を示しており、したがって談話療法という精神分析的観点から見ることができる」と述べている（『カズオ・イシグロ　失われたものへの再訪』三村尚央訳）。しかし、イシグロの小説は、医者と患者のダイアローグをもたないという点で「談話療法」とは質的に異なるのではないか。少なくとも私は、特定のプログラムに基づいたモノローグに徹したところに、イシグロのユニークさを認めるべきだと思う。

承認の政治から古典的リベラリズムへ

フランシス・フクヤマ『アイデンティティ』
『リベラリズムとその不満』評

『Liberalism and Its Discontents』
（未翻訳／ Profile Books ／ 2022年）

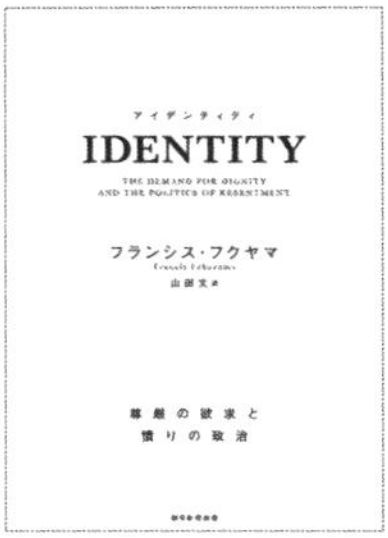

フランシス・フクヤマ
『IDENTITY 尊厳の欲求と憤りの政治』
（山田文訳／朝日新聞出版／ 2019年）

アメリカの著名な政治思想家であるフランシス・フクヤマは、２０１８年の『アイデンティティ』に続いて『リベラリズムとその不満』（*Liberalism and Its Discontents*）を２０２２年に刊行した。後者も遠からず邦訳されるだろうが、この二つの著作をつなぐ評は日本にはまだ少ないと思われるので、ここで内容を説明しておきたい。

まず『アイデンティティ』から。アイデンティティは比較的新しい言葉であるにもかかわらず、周知のように、現代政治の中心的なイシューとなっている。フクヤマの考えでは、この急速な上昇を支えているのは、人間の心の根幹にある「承認」への欲求である。すでに古代ギリシアでは、公的な承認を求める魂の動きが「テューモス」と名指されていた。ソクラテスによれば、それは理性とも欲望とも異なる、魂の第三の場所を示している。現代語に対応づけるならば「気概（spirit）」がそれに近い。

古代ギリシアであれば、命を賭けた戦士の行為が「テューモス」の根拠となった。ただ、自らの価値を他者から認められたいという承認欲求ないし気概は、戦士に限らず誰もが所有している。現に、近代に入ると（特にマルティン・ルターの宗教改革をきっかけとして）、すべての人間が「尊敬されるべき内なる自己」をもつという信念が広まった。「少数の尊厳のみが承認された世界が、すべての人間の尊厳が承認されることを根本理念とする世界に変わったのである。この大きな精神史的な変化に伴って、内なる自己のかけがえのなさを証明する「アイデンティティ」が承認の対象として浮上することになった。

人間の本性に根ざした承認欲求が、歴史を動かす原動力となる――この考え方を哲学的に根拠づけたのはヘーゲルである。ヘーゲルは人間の歴史を「承認をめぐる闘争」として理解した。近代社会の大きな特徴は、この闘争の権利を、少数の人間から一人ひとりにまで拡大したことにある。あらゆる人間のアイデンティティが等しく承認されるべきなのだとしたら、性別や肌の色や国籍やセクシュアリティのせいで、その尊厳が脅かされることがあってはならない――21世紀に大きなうねりとなったアイデンティティ・ポリティクス（#Me Too運動からブラック・ライブズ・マター運動まで）は、まさにこの尊厳の平等を求める近代的プログラムの帰結なのである。

その一方、近代は「個人の尊厳を承認せよ」という命令のみならず「集団の尊厳を承認せよ」という命令をも解き放った。現に、近代の政治思想のパイオニアであるJ・J・ルソーの著作では、個人（平和で孤独な夢想者）と集団（一般意志）のいずれもが称賛されている。前者がリベラリズムにつながるとすれば、後者はナショナリズムや宗教原理主義――特定の民族や宗教の尊厳を強く訴える運動――につながるだろう。ナショナリズムとは個人を民族のアイデンティティと同化させ、それによって誇りや尊厳を与えようとする運動にほかならない。

ともあれ、フクヤマの考えでは、テューモスは人間の本性に根ざしている。だからこそ、個人的・集団的アイデンティティの追求も、決して終わることはない。特に、危機や悲劇に見舞われると、ナショナリズムが一気に燃え上がり、場合によっては「挙国一致」体制ができあがることは、もともとネーションの基盤が脆弱であったウクライナの現状からも明らかである。ただ、フクヤマはその代価についても言及している。

例えば、先進国においては1980年代以降、中間層が解体し、格差が拡大した。にもかかわらず、有権者はえてして不平等の是正をめざす左翼政党にではなく、ナショナルな誇りを謳う右翼政党に投票しがちである。フクヤマは「目覚めよというメッセージは、階級に届けられるはずであったのに、ひどい郵便の誤配のために、民族に配達されてしまった」というアーネスト・ゲルナーの印象的な言葉を引用しながら、階級の政治がアイデンティティの政治に置き換えられたために、アドレスの間違いが多発しがちな現代政治のありさまを描いている。ひとは財産をもたないことよりも、アイデンティティや尊厳を認められないことを、いっそうつらいものとして捉える傾向がある。しかし、それは、不平等の是正には必ずしもつながらない。[※1]

さらに、左派的なアイデンティティ・ポリティクスの反動として、右派的なアイデンティティ・ポリティクスが活気づいたことも見逃せない。ドナルド・トランプを大統領に押し上げた、そのエネルギーの源泉となったのは、マイノリティの権利擁護に熱心なエリートから排除されたと感じた労働者階級の怨恨感情であった。むろん、その怨みはしばしば的外れである。女性、黒人、性的マイノリティが不当な扱いを受けてきたのは明らかなのだから。だとしても、右派が「ある集団が不当に差別されている」という左派のレトリックを利用して、アイデンティティ・ポリティクスを加速させていることも確かだろう。「現在では、左派から右派までイデオロギーを横断して、「アイデンティティの政治」というレンズを通してほぼすべての社会問題を理解している」。

しかし、これが好ましい状況とは言い難い。なぜなら「自分は〜である」というアイデンティティの訴えどうしが衝突すると、しばしば和解の余地のない争いへと発展するからである。「「アイデンティティの政治」は、アイデンティティ集団が互いに相手を脅威とみなすようになるにつれて、さらに加速する。経済的資源をめぐる闘いとは異なり、アイデンティティの主張には通常、交渉の余地がない」。あらゆる人間が自らを特定のアイデンティティに割り当て、それを譲れない絶対的な価値として訴え始めると、サークルが乱立し、相互の理解可能性は狭まってゆくことになる。

だとしても、フクヤマが言うように、いまさらアイデンティティの概念を放棄するのは不可能だろう。それに、女性や黒人、性的マイノリティを不当に差別してはならないという機運が高まったのは、まさに尊厳の平等という近代のプログラムのなせる業である。このような達成を踏まえつつ、より包括的なナショナル・アイデンティティ構築の必要性を呼びかけて、フクヤマは論を閉じる。

＊

フクヤマの新著『リベラリズムとその不満』は『アイデンティティ』の続編としての性格をもつ。そこでは『アイデンティティ』で記述された諸問題が、17世紀に端を発する「古典的リベラリズム」の屋台骨を揺るがす危機として描き直された。

そもそも、古典的なリベラリズムとは何か。それは「多元的な社会における多様性を平和的にマネージする」ための手段である。多様性はさまざまな形態をとる。17世紀にはそれは「宗教的なもの」であったが、今やそれはナショナリティ、エスニシティ、人種等へと拡散した。これらの多様性を操縦するにあたって、リベラリズムの基本原則となったのが「寛容」である。実践的なレベルで言えば、リベラリズムは多元的な社会において暴力的なコンフリクトを抑制するための寛容の知恵である。

その一方、カント以来の理念的なレベルで言えば、リベラリズムとは自律（autonomy）の権利を万人に平等に認めようとする思想である。オートノミー（＝自己が自己自身を統治すること）を最大限に保証することによって、ひとびとは外界からの強制によらず、固有の生のあり方を自由に追求できる――そこに人間の「尊厳」の核を認めようとするのが、リベラリズムの基本的な理念であった。20世紀において、このリベラルな信念は民主主義と結合し、いわゆる「西側」の価値観を形成してきた。

しかし、フクヤマの考えでは、その蜜月は長続きしなかった。リベラリズムと民主主義の結合は自明ではなくなり、民主主義が世界的に広く受け入れられる一方、リベラリズムにはしきりに批判が向けられるようになる。※2「近年、鋭い攻撃を受けるようになったのは民主主義よりもリベラリズムである」。

では、何がリベラリズムの危機を招き寄せたのか？　フクヤマによれば、それは皮肉なことにリベラリズムそのものである。「リベラリズムのコアにある考え方の一つは、個人の自律の安定化と保護である。しかし、この基本的な価値は度を超すことがあり得る」。このような行き過ぎは、左右のイデオロギー双方において生じている。右派においては、経済的な自律の尊重が「ネオリベラリズム」へと旋回した結果、グロテスクなまでの不平等が生み出された。左派においては、パターナリスティックな干渉をとがめ、価値や選択のレベルでの自律を重んじる「アイデンティティ・ポリティクス」が上昇した結果、寛容の前提が侵食された。フクヤマはこの左右の「リベラリズムの極端なヴァージョン」が、当のリベラリズムを脅かしていると見なす。

そもそも、自律がすべてに勝る最高善かは疑わしい。「自律はリベラルの基本的な価値である一方、それは他のあらゆる善き生のヴィジョンに自動的に勝るような、たった一つの人間的善でもない」。自律のプログラムが加速し、ひとびとがアイデンティティのレンズで社会と自己を観察するようになったとき、アメリカ社会は右派と左派に二極化してしまった。この社会の苦境に対して、フクヤマは左も右もともに完全な満足をあきらめ、むしろ多様性の調停やマネージメントをめざす古典的リベラリズムに立ち返るべきだと提案する。

まず左の進歩派は、国のおよそ半分は自分たちの目標や手法に同意しないであろうことを認めなければならない。逆に、右の保守派は、アメリカが人種的・エスニック的に混ざりあっていること、女性が今後も幅広い社会的なポジションを占めるであろうこと、そしてジェンダーの役割が深いレベルで変わりつつあることを、受け入れなければならない。要するに、左右ともに、アメリカには今後も、自分たちと意見の異なる勢力があり続けることを認めなければならない——そのことを確認したうえで、フクヤマは「古典的リベラリズムは今日、これまで以上に必要とされている。なぜなら、アメリカ合衆国は（他のリベラルな民主主義国家と同じく）かつてなく多様だからである」という結論を導き出すのである。

実際、リベラリズムなしの民主主義は十分あり得る。2022年の議会選挙で勝利して、4期目の政権担当を確定させたハンガリーのオルバン・ビクトル首相のように〝illiberal democracy〟を公然と掲げる政治家は分かりやすいが、西側諸国とてパンデミックのような非常事態には、民主的に非自由を（なし崩し的にではあれ）選択したのではなかったか。自由はわれわれの想像以上に脆い。パンデミック後の世界は、そのことをわれわれに突きつけている。

＊

以上のように、フクヤマは一方ではヘーゲル主義者として「承認をめぐる闘争」を人間の根幹と見なし、アイデンティティ・ポリティクスの浮上を歴史の必然として捉えた。しかし、他方では、承認や自律の要求が他の善の構想を圧倒するとき、かえってリベラルな社会が損なわれると警告してもいる。だからこそ、初期のリベラリズムを、いわば思考のワクチンとして投与することが推奨される。

では、どうすれば古典的リベラリズムを再建できるのか？　しかし、この肝心かなめの問いに対して、フクヤマの答えはずいぶん頼りない。『リベラリズムとその不満』の末尾では、古代ギリシアの四つの美徳のうちの一つであった思慮深い「節制」の回復が、リベラリズムのリバイバル／サバイバルの鍵だと述べられる。しかし、たかだか「節度をもて」と説教するぐらいで、皆が寛容になって、このぎすぎすした世界が好転するのならば、思想は要らないだろう。フクヤマは自身の結論をどれほど真剣に信じているのだろうか。

……と偉そうに言いつつ、私も新著（『思考の庭のつくりかた』）では、キャンセル・カルチャーの奔流に圧倒される前に、J・S・ミル風のリベラリズム（＝人間の可謬性および高い修正能力を前提としつつ、一種のリスクヘッジとして多様性を擁護する見解）を再インストールしてはどうかと提案していた。リベラリズムの自己破壊を回避するために、一昔前のリベラリズムの原則に立ち返るという点で、これはフクヤマの立場と似ている。ただ、このような考え方が主流になるかと言えば、それは望み薄だろう。

なぜか。その問いにはフクヤマ自身が答えを与えている。それは、テューモス（承認欲求）が人間の普遍的な心理に根ざすからである。アイデンティティ・ポリティクスやナショナリズムには、人間の心をくすぐり、強烈な感情移入を誘うだけの魅力がある。思うに、たいていの人間にとっては「他者への寛容」よりも「他者からの承認」を得るほうが、はるかに重要な関心事ではないだろうか。自由や寛容が失われることよりも、自己や集団の尊厳が失われることに、人間は差し迫った危機を覚える。この危機感がときにマイノリティの権利擁護を進める力になり、ときに貧困者が左翼よりも右翼を望むという「誤配」を生み出すのである。

むろん、フクヤマの議論は、テューモスを超歴史的な原理としてかなり過大に評価しているきらいがある。だとしても、21世紀のインターネットが「フロー」（ボリス・グロイス）の時代の到来を告げるとともに、承認の政治の全面化という新しいステージに人類を導いたことは確かだろう。アイデンティティという尊厳の「根」をもちたいという望みが、過剰な流動性にさらされたひとびとの不安な心から消えることはない。そのことが、われわれにいかなる恩恵をもたらし、いかなる代価を支払わせているのか――フクヤマの二つの著作はその考察の足場になるに違いない。

＊

思えば、フクヤマを一躍著名にした『歴史の終わり』は、前途洋々たる自由民主主義への祝辞として受け取られた。しかし、その後のフクヤマの歩みを追うと、自由民主主義や資本主義の内在的な矛盾を前にして、軌道修正を迫られ続けたように見える。そもそも、アメリカがソ連に勝利したというのは過大評価であり、むしろ共産主義陣営が自壊しただけではないか。加えて、かつて浅田彰が言ったように「資本主義が本当に世界化されるとすれば、資本主義の矛盾もまた世界化される」のは当然である（浅田『「歴史の終わり」を超えて』）。

その矛盾は2000年代に入っていっそう顕著となる。もともとネオコンを自称していたフクヤマは、イラク戦争に際して「原理と分別」を失ったブッシュ政権と他のネオコン知識人のでたらめぶりを、手厳しく批判するようになる（*America at the Crossroads*／邦題『アメリカの終わり』）。もともと複雑な来歴をもっていたネオコンは、イラクへの「先制攻撃」およびその「体制転換（レジーム・チェンジ）」を主張する強硬派に乗っ取られてしまった。この強硬なグループは、レジーム・チェンジによって民主化も進むと楽観的に考えていた。しかし、フクヤマによれば、体制が倒れればたいてい政情不安がやってくる。その結果、民主主義への「逆行」すら起こるのである。現に、アフガニスタンでもイラクでも民主化への期待がしぼんでしまったのは、昨今報道されるとおりである。

その一方、遺伝子工学のようなバイオテクノロジーの進歩に対して、フクヤマはポストヒューマン時代の本格的な到来とその危険性を認めた（*Our Posthuman Future*／邦題『人間の終わり』）。人間の心や身体をテクノロジーの力によって過度に操作しようとするとき、さまざまな弊害が生じる。例えば、長寿化は生活の質の下がった老人を大量に生み出し、世代交替を遅らせ、社会を「巨大な介護施設」に変えかねない。その反面、一人ひとりの個人のレベルでも出生前診断に代表される「私的な優生学」が広まり、プロザックやリタリンのような薬物で心を調節しようとする動きも常態化する。そして、ゲノムビジネスの普及は、人間そのものの情報化・商品化を加速させる……。フクヤマの考えでは、これらはいずれもリベラリズムの前提となる人間像を破壊するものである。

もとより、フクヤマは今でも、自由民主主義以上の価値観はないという立場を崩していない（2022年3月に『フィナンシャル・タイムズ』に掲載された彼の論説でも、勇気あるウクライナ人こそが「1989年の精神＝気概」を体現する者たちだと称賛されている）。だからこそ、彼はその理念そのものが怪物化し、当の理念を破壊してしまうリスクに対して、いち早く反応してきたと言えるだろう。

してみると、フクヤマの歩みはポスト冷戦時代の西側の肖像そのものである。自由民主主義が人類のファイナル・アンサーだという自己満足は、ネオコンという傲慢な「鬼子」を産んだ。バイオテクノロジーの発展は、人間の人間たるゆえんを脅かす水準にまで達した。そして、リベラリズムが加速した結果として、古典的リベラリズムの理念はかえって苦境に陥っている……。勝利が敗北を意味し、成功が失敗をもたらし、ユートピアがディストピアを帰結し、夢が悪夢を孕む――このようなめくるめく弁証法的反転こそが、近年のフクヤマの著作を特徴づけているのだ。

※1　ナンシー・フレイザー＋アクセル・ホネット『再配分か承認か？』で議論されているように、経済的な平等と尊厳の平等をどう折り合わせるかは難題である。フレイザーは承認の問題が強調されるあまり、再配分がおざなりになるというケースを懸念して、この双方を等価に見る「パースペクティヴ的二元論」を提案した。逆に、ヘーゲルを引き継ぐホネットの考えでは「承認」こそが最も基礎的な道徳概念であり、再配分というテーマはこの原理に従属するものである。いずれにせよ、貧困がさまざまな屈辱（＝尊厳の毀損）を繁茂させる「メタ屈辱」（ジグムント・バウマン）になり得ることは、やはり無視できないだろう。

なお、カントを「自律」の哲学者と見なし、ヘーゲルを「承認」の哲学者と見なすのは、誤りではないにせよ彼らの思想の矮小化ではあるだろう。カントおよびヘーゲルの再解釈としてはジジェクの近著『性と頓挫する絶対』が大胆かつ刺激的である。

※2　リベラリズムとデモクラシー（民主主義）はカップルとして捉えられがちではあるものの、実際には別物である。民主主義を公然と批判するのは、どの国でも難しい。フクヤマが言うように、中国や北朝鮮のような権威主義国家であったとしても、民衆が離反すれば体制はもたない。ロシアのプーチンも人民の支持を必要としており、それゆえ自身が民主的な選挙によって大統領に選ばれたことを強調する。その反面、彼はリベラリズムについては「時代遅れのドクトリン」だと侮蔑的に評するのである。

メタバースを生んだアメリカの宗教的情熱

ニール・スティーヴンスン『スノウ・クラッシュ』評

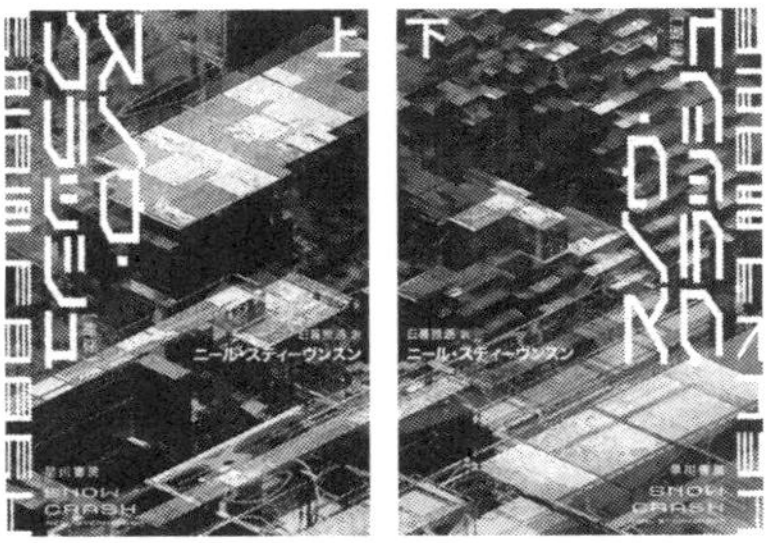

ニール・スティーヴンスン

『スノウ・クラッシュ（上下）』

（日暮雅通訳／早川書房／ 2001年、書影は2022年刊行の新版）

2021年秋にフェイスブックが社名を「メタ・プラットフォームズ」に変更して以来、メタバースという言葉はザッカーバーグの思惑通り、メディアに「感染」した。素人の雑感を述べれば、メタバースはイベント、ゲーム、企業の展示、観光地の擬似体験のような用途では、その持ち味を発揮できるだろう。同好のサークルを作るのにも向くだろうし、足腰の悪い高齢者にはバリアフリーの新しい娯楽になるかもしれない。さらに、ラオスの森で昆虫採集に励む養老孟司が期待を抱くように、失われつつある景観を3Dの仮想空間で精密に再現できるのであれば、メタバースは自然遺産・文化遺産の保存の場にもなり得るだろう。VR技術がいっそう進化すれば、アミューズメント、ショッピング、アーカイヴから軍事、医療等の領域で新機軸が出てきても不思議はない。

VRは確かにひとをわくわくさせる。ただし、一部の論者のように、メタバースが人類史を一変させる発明だとまで言い募るのは、さすがに過大評価——というか見え透いたプロパガンダだろう。そもそも、物理空間がメタバースに凌駕されるとか、今後はメタバースを基準に現実がデザインされるとかいうのは、プロパガンダとしてもお粗末である。出産・育児や介護も要らない、飢饉も戦争も災害も犯罪も停電も起こらない、病気にかからず怪我もしない、生活必需品はすべてロボットが宅配してくれる、目も頭も疲れない——それぐらいの条件があればVRに引っ越せるかもしれないが、人類社会とはそういうものではない。仮想空間に引きこもろうにも、それを妨害する物理空間のトラブルがあまりにも多すぎる。

してみると、ケヴィン・ケリーやジョン・ハンケのように、未来の情報技術の中心をAR（拡張現実）——AIが生活空間に入り込み、モノのインターネットが定着し、現実世界が情報のスキン（皮膚）に覆われていく状態——に認めるほうが、ふつうに思える。※1 あるいはVRを推進するにしても、あくまで現実の改善に役立つようにデザインされるべきだろう。例えば、VRの立役者であるジャロン・ラニアーは、VR世界での華麗な変身（DNA分子にもなれる！）は、内的な感覚や経験を研ぎ澄まし、ハプティック（触覚的）な知性を育てるものだと述べている。ラニアーによれば、それは現実世界の「あなた」を深く探索するための道具である。「VRはあなたをあなた自身にさらけだすテクノロジーなのだ」「VRは人生の与えてくれる喜びのひとつとして楽しむべきもので、人生に置き代わるものではない」（『万物創生をはじめよう』谷垣暁美訳）。逆に、VRが現実の「あなた」の感覚を鈍麻させ、人生を支配するならば、それは技術の堕落にすぎない。

ともあれ、メタバースはまだ実体も将来性も定かでないこともあって、その宣伝はしばしば誇張した未来像を伴っている。喜びや楽しみを発明する実験場としてのVRは好ましいが、その領分を超えるとカルト的な新興宗教の語り口に似てしまう。現に、メタバースに自分のアバターを無数にばらまけば、アイデンティティや身体の拘束から解脱できると説く論者まで現れた。こうなるとオウム真理教のレトリックと大差ない。ヘッドギアをかぶって「尊師」の脳波と同調する代わりに、ゴーグルをつけてメタバースにテレポートすれば、嫌なことを忘れて幸せになれる？　否、そこでもまた「承認をめぐる争い」がヒートアップするだけだろう。人間の虚栄心や嫉妬、羨望は決してなくならないからだ。

メタバースの宗教的礼賛は、「ユートピアは薄気味悪い」というニコラス・G・カーの警句を思い起こさせる。なぜ不気味なのか。「それは多分、ユートピアがその住人に、この堕落した現実世界を悩ます恐怖や怒り、嫉妬や失望、苦痛、その他いかなる厄介な感情をも決して表わさず、感じさえしないロボットのようにふるまうことを要求するからである」（『ウェブに夢見るバカ』増子久美他訳／原題は*Utopia is Creepy*）。現実を捨ててVRに「出家」するのは馬鹿げている。ただ、それはそれとして、アメリカの技術文化がときに宗教的な色彩を帯びることは、文化人類学的な興味をかきたてるものである。そのような関心から、ニール・スティーヴンスンのSF長編『スノウ・クラッシュ』を読み解くとどうなるか。

＊

メタバースという概念を生んだ『スノウ・クラッシュ』は、はちゃめちゃな展開にもかかわらず、その世界の描き方は著者の確かな洞察力を感じさせる。登場人物たちはフランチャイズ化された都市国家に生活の拠点を置きながら、メタバースにワイヤレス状態でゴーグル・インし、自身の「アバター」（これも『スノウ・クラッシュ』が定着させた用語）を動かす。データはメタバース上の「ライブラリ」に保存されており、視点人物であるヒロ・プロタゴニスト（「主人公ヒロ」というふざけた命名）はその情報にアクセスして、人類史の秘密に近づいてゆく……。

予備知識なく本書を読むと、多くの読者は近年の小説だと感じるのではないか。しかし、『スノウ・クラッシュ』はインターネットが普及する前の1992年の小説である。スティーヴンスンはすでに30年前に、情報技術の着地点をかなり正確に見定めていた。その鮮明なヴィジョンを沸騰的なエネルギーで満たしたところに、彼の創意がある。「世界はパワーとエネルギーに満ちている。そのほんの一部を選り抜いて手に入れることで、人ははるか遠くへ移動できるのだ」。

凄腕のハッカーにしてピザの高速配達人であるヒロは、アクセルを踏みっぱなしの前のめりのナビゲーターとして、フランチャイズ国家とメタバースをせわしなく往復する。ジェットコースター的な配達の場面で幕を開ける本書は、熱っぽくスピーディであり、命名からして安っぽいキャラクターたち――特に「ヴァイタリ・チェルノブイリとメルトダウンズ」という悪趣味なアーティスト名は、原発事故のサブカル化の秀逸（?）な実例である――が、その沸騰的な状況を加速させる。現実と仮想がミックスされた賑やかで騒々しい世界は、雑多な情報であふれかえっている。物語の内容以前に、この過密なカオスそのものが『スノウ・クラッシュ』の真髄と言えるだろう。

文庫解説で鈴木健が指摘するように、本書では「国家の役割が最小化したリバタリアン的世界」が描き出されている。そこでは主権国家は衰退し、アメリカは企業によって分割統治され、人種も階層もすっかりハイブリッド化している。[※2] 例えば、ヒロは現実世界ではスラム街に隣接した寒々とした倉庫に住んでいるが、メタバースでは大邸宅に住む天才剣士である。このあべこべの世界で、彼のアイデンティティの認識は深刻なトラブルに見舞われている。

彼の父は特務曹長、母はかつて日本で鉱山奴隷だった一族の韓国人女性。ヒロは自分が黒人なのかアジア人なのか、それともただの〝軍人種〟なのか知らないし、金持ちなのか貧乏なのか、教育があるのか無学なのか、才能があるのか幸運なだけなのかわからない。カリフォルニアに移ってくるまでは、故郷と呼べる土地さえなかった。

こうして、ヒロは誰でもない人間として、ひたすら疾走し続ける。過密でエキサイティングな情報のジャングルでいわば迷子になり続けること――それは災難を呼び込むが、しかし迷子にならなければ世界にも出会えないというのが、本書の力強いメッセージなのである。

この自由のカオス的暴走には、本書と同じ1992年に刊行されたフランシス・フクヤマの

『歴史の終わり』のパロディのような一面がある。フクヤマは共産主義の失敗を受けて、自由民主主義こそが人類の政治体制の結論だと見なした。なぜなら、それだけが歴史を動かす承認欲求を十分に満たせるからである。それに対して、スティーヴンスンは勝利した自由を暴走させ、ダーティなリバタリアン的ディストピアへと導いた。フクヤマにとって、アメリカは「歴史の終わり」を証明した特別な国家であった。しかし、スティーヴンスンの描く未来のアメリカは低迷し、まともな産業は「音楽、映画、ソフトウェア、高速ピザ配達」しか残っていない……。これはフクヤマへの皮肉として読めば秀逸である。

その一方、『スノウ・クラッシュ』に冷戦時代の破局的な記憶がちりばめられていることも見逃せない。旧ソ連の置き土産である水爆の引き金を握ったレイヴンという粗暴な大男（アリューシャン列島のアレウト族出身）は、物語の後半で、自らの父親が長崎およびアムチトカ（アメリカの核実験が行われた島）で二度にわたって核攻撃を受けたことを語る。アイデンティティがバグるほどの自由を享受させる未来社会に、レイヴンやヴァイタリ・チェルノブイリのような核の亡霊が明滅する——そこには、ウクライナ戦争とメタバース狂騒が同時に進行する30年後の世界がすでに予告されていたと言えるだろう。

＊

ところで、『スノウ・クラッシュ』の核心にあるのは、オカルト的な《ハッカー史観》とでも呼べるものである。ヒロの調査によれば、古代の人類は「メタウイルス」に感染して、世界共通の文明を築いた。しかし、それが退屈なルーティンに陥ったとき、シュメール文明のエンキが新しいウイルスのコード（メ）を書いて、人類を二元的世界へと導いた。その結果、人類は共通言語を失ってバラバラの状態へと放り出される。聖書で言えば、アダムが知恵の実を食べたことがメタウイルスへの感染を示し、共通言語の喪失は「バベルの塔」の崩壊に対応する……。このエイズの影響を思わせる疫学的かつ宗教的な人類史の原点にいるのが、ほかならぬハッカーである。

彼（エンキ）には、新しいメを書くというまれにみる才能があった――彼はハッカーだったわけです。彼は実際のところ、最初の近代人であり、自意識のある人間だった。ちょうど、おれたちのような。

文明の設計図（DNA）を書き換えるレトロウイルスのような技術者――この「最初の近代人」としてのハッカーが意識を生み出し、諸言語を生み出し、理性に基づく宗教を生み出し、精神と物質の二元的世界を生み出し、ついにはメタバースを生み出したというのだ（ちなみに、この架空の歴史観も、ニーチェの言う「最後の人間」、つまり「快適な自己保存と引き換えに、自分自身が優越した価値をもっているのだという誇りに満ちた信念を放棄した個人」への言及で締めくくられたフクヤマの『歴史の終わり』と興味深いコントラストをなしている）。

こうして、『スノウ・クラッシュ』はハッカーを主役とする「創世記」のような様相を呈する。スティーヴンスンはハッカー文化の背景に、一種の宗教的情熱を認めた。あらゆる文明がプログラムの集積であるならば、バイナリー・コードの操作に習熟したハッカーはまさしく文明の起源にほかならない――『スノウ・クラッシュ』のメタバースは、この崇高な秘密を格納した「無限の檻」（ウィリアム・ギブスン『モナリザ・オーヴァードライヴ』の言葉）として描かれたのである。

そう考えると、『スノウ・クラッシュ』はきわめてアメリカらしい小説に思えてくる。かつてアメリカ文学者のレオ・マークスは、ホーソーン、メルヴィル、マーク・トウェイン等を例にとって、彼らが社会から逃避したいというユートピア的な田園願望を形にしつつ、そこに暴力的なマシーンを侵入させてきたことを論じた（『楽園と機械文明』参照）。殺伐とした荒野のフロンティアでありながら、未知のアルカディア（楽園）でもある――このアメリカ特有の二重性が「田園のなかの機械」という奇妙に矛盾するイメージを生み出したわけだ。

『スノウ・クラッシュ』のVR空間にも、まさに荒野にして楽園であるというアメリカの宗教的なイメージが投射されている。その限りなく自由で、限りなくダーティなフロンティアの秘密は、聖書や神話のレンズを通してはじめて理解されるだろう。スティーヴンスンはこの斬新なSFによって、メタバースを含む情報技術がいかに《アメリカという宗教》に突き動かされているかを示唆したのである。

※1　ちなみに、ニール・スティーヴンスンは、VRとARにはふつう想像される以上に大きな差異があり、競合的な関係にもならないと予想している。「VRの目的はひとを完全に作り物の場所に連れて行くことであり、ARの目的はそのひとのいる場所での経験を変化させることです」（THE SCI-FI GURU WHO PREDICTED GOOGLE EARTH EXPLAINS SILICON VALLEY's LATEST OBSESSION）（https://www.vanityfair.com/news/2017/06/neal-stephenson-metaverse-snow-crash-silicon-valley-virtual-reality）。

※2　この点は、サイバーパンクの巨匠ブルース・スターリングによる１９８８年のＳＦ『ネットの中の島々』との比較が面白い。スターリングはそこで電子の「ネット」に覆われ、多国籍企業が主導権を握った未来の地球を描き出した。この設定は四年後の『スノウ・クラッシュ』と似ているが、大きく異なるのは、この「ネット」から弾き出された存在たち——主人公ローラの母親から、シンガポールを拠点とするデータ海賊まで——が「ネットの中の島々」として詳細に描かれたことである。常に前のめりの『スノウ・クラッシュ』と違って、『ネットの中の島々』には人類をからめとるシステムへの醒めた眼差しがある。

　思えば、ネット（網）といいウェブ（蜘蛛の巣）といい、情報技術は人間を魚や虫のように「捕獲」するトラップである。このトラップの世界化を的確に予見しつつも、スターリングはむしろその電子の網の目から零れ落ちた「島々」を象った。現代ならばウイルスや放射性物質がその「島々」に当たるだろうし、今後は飢饉や水不足のような危機から、未知の群島が生まれるかもしれない。そうなると、インターネットも結局は一つの「島」ということになるだろう。

感覚の気候変動

古井由吉『われもまた天に』評

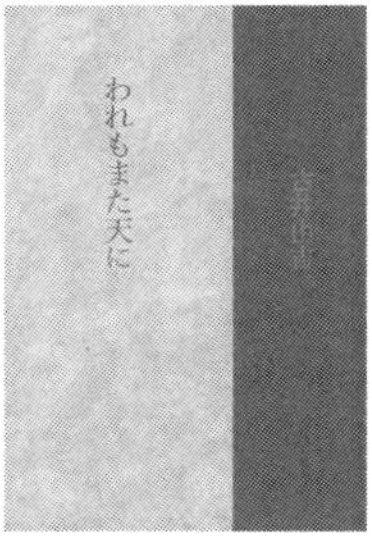

古井由吉
『われもまた天に』
（新潮社／ 2020年）

小説は文学史上の新参者であるにもかかわらず、近代以降、詩や演劇を凌いで、またたくまに文学の中心を占めるようになった。21世紀になっても、われわれは文学と聞くとまず小説をイメージする。では、小説の優位性はどこにあったのか?

英文学者イアン・ウォットの古典的な研究書『小説の勃興』は、小説の画期性を「リアリズム」の刷新に認めている。ウォットによれば、中世のスコラ哲学の実在論者は、時代や地域を超えた普遍的なものに「真のリアリティ」を求めた。彼らにとって、人間のうつろいゆく感覚の捉えた具体的な事物は、あくまでエラーやノイズにすぎない。逆に、18世紀イギリスの作家たち(デフォー、リチャードソン、フィールディング……)はこのヒエラルキーを転倒させ、むしろ「真実は個人の五感を通じ、個人によって発見され得るという立場」を採用して、時間を超越しようとする中世的な伝統と訣別した。個人の感覚がたまたまキャッチした新奇な(novel)なものを高く評価する——そのような近代の精神風土が小説(novel)を飛躍させたのである。

個人の感覚(sense)を意味(sense)の根拠とするこの文学上のリアリズムは、今も健在である。例えば、村上春樹の小説には料理や食事の場面が「お約束」のように出てくる。それは一見して不要にも思えるが、そうではない。なぜなら、小説を書くことは、はかなく消えやすい五感に訴えながらリアリティをこつこつ積み上げてゆく、何とも地道な労働だからである。小説の体内には、いわば登場人物の感覚と読者の感覚を交信させるマイクロチップが多量に埋め込まれている。粗大な感情や大柄な認識のはるか手前でうごめいている微細な感覚――それこそが小説の「地」(ground)なのであり、ストーリーやキャラクターはそこに浮かぶ「図」(figure)である。

2020年に亡くなった古井由吉の一連の小説は、この近代小説の根本的な仕組みそのものに働きかけようとする、実験的な「試行」(エッセイ)である。古井の小説においては、しばしば感覚という「地」が個体という「図」を凌駕するように、静かに着実に広がってゆく。そうなると、感覚は特定の誰にも帰属することなく、それ自体が一種のエコシステムとして繁茂し始めるだろう。しかも、その感覚があまりにも微細であるために、それが小説内で確かに起こったという読者の信念も怪しくなる……。

もともと、古井はドイツ文学者であり、特にオーストリアの作家ロベルト・ムージルおよびヘルマン・ブロッホの翻訳者として知られている。そのムージルの大作『特性のない男』には《可能性感覚》というユニークな概念が登場する。古井が言うように、それは「ありうることを、実際にあることとより、軽くとらない能力、逆にいえば、実際にあることを、あるかもしれないことより、重くはとらない能力」を指している(『ロベルト・ムージル』)。この「かもしれない」の領域まで含んだ《可能性感覚》のコンセプトは、ムージルのみならず古井の文学そのものを説明するものである。

近代小説は「何かが確かに起こった」という現実感覚を積み重ねて、リアリズムの手法を成立させた。しかし、それが虚数的な《可能性感覚》に侵食されるとどうなるか。その場合、小説を読み進めるにつれて、感覚の亡霊が文章に乗り移り、リアリティの基盤そのものが虫食い状態になってゆくだろう。[※1] 古井の小説の「地」は、硬直した大地ではなく、起こったことと起こり得ることが網状にからみあったテクスチュアである。そこでは過去は過ぎ去らず、未来はいつまでも到来しない——あるいは同じことだが、何もかもが過ぎ去り、すべてが到来し続けるのである。

古井はこのような文学的実験に、半世紀にわたって注意深く、粘り強く取り組んできた。最晩年になっても、その作家的技量や認識の精度が衰えなかったことは、驚嘆に値する。その意味では、彼の人生そのものが、始まりも終わりもない「エッセイ」に似ている。これほどの徹底性を感じさせる小説家は、世界的に見ても稀だと言わねばならない。

*

古井由吉の遺作となった『われもまた天に』には、未完の遺稿も含めて、四篇の小さな作品が収められている。巻頭の「雛の春」は「二月四日は立春にあたった。年末から空気は乾ききり、その日も風の冷たい晴天となったが、立春と聞けば心なしか、吹く風も芯がぬるんでいるように感じられた。午前の十時から、また入院の身となった」と書き出される。冷たく乾燥しきった環境に、ぬるい春の水気が感覚の亡霊として忍び込む――このような気象的なトランジット（乗り継ぎ）の地点が、本作の舞台として定められた。

古井の小説の常として、そこには物語的というよりも随想的な認識が書き連ねられている。あえてそのテーマをあげるとしたら、それはミクロな遷移がもたらす自我の剥離である。そのありさまを私なりにつたなく「翻訳」してみよう。気候が移ろうとき、その気配に背中を押されてふわりと浮かび上がる魂の感覚もあれば、そこにとどまろうとする身体の感覚もある――そのとき自我の半身が前のめりにすべり落ちてしまうというのが、古井的な「剥離」の光景だとひとまず言えるだろう。あるいは逆に、常に動き続けている人間にとっては、時間が急に静止すると、魂は行き場を失ってやはり前のめりにつんのめってしまうだろう。例えば「雛の春」では、旅先の宿での心象が次のように記されていた。

若い頃ならともかく、人生のなかばをまわり、何かにつけて衰えを覚えさせられるようにもなれば、慣れた旅でも、いや、毎度の旅ならなおさら、その途中の宿の夜に、時間が停まったようになり、ここまでひたすら背を押しまくってきたのにこれはいまさらどうしたことかとあやしむにつれて、どことも知れぬ所へ置かれたようになり、出がけに家の内を心遣りのように見まわした自身の影が見える。

家であろうと宿であろうと職場であろうと、そこが本来自分のいるはずのない場所だと不意に感じられて、はっとしたりぞっとしたりする瞬間は、誰にでも覚えがあるのではないか。魂は自らがどこから来てどこに行くのか、永遠に知ることができない——この不穏な認識がせり上がるとき、自我はまとまりを失って、無数の「影」へと散らばってゆく。古井の小説は時の尺度を変えることによって、まさに「どことも知れぬ所」へと読者を導くのである。

さらに、2019年に書かれた表題作の「われもまた天に」——ニコラ・プッサンの絵画を通してよく知られる《われもまたアルカディアにありき》という文句を踏まえたタイトル——においては、心のありさまと天のありさまが照応関係に置かれる。天候をレンズとして感覚の深みに入っていこうとするその文章は、五月に雹が降るという異常気象に始まり、悪疫と飢饉の予感を経て、駅の出口を間違えて道に迷った出来事へと到る。

> 地下鉄の駅から店へ行く道は、今までに歩いたことがない。地下鉄の駅から家に帰る時にはもっぱら大通りの北側をたどった。店への道も大通りの南側の道も、どちらも知らぬ道なのに、疑いを追っ駆けて確信がまさる時、あるはずもない既知感に、まるで正しい道をたどっている証《あ》かしのように導かれていたようだ。正しいという感覚はなかなかの曲者だ。年のせ

いの昏迷もあるだろうが、しかし若い頃から、間違った道をわざとのようにずんずんと遠くまで来てしまったそのあげく、呆然として立ちつくすことが、くりかえしあったように思われる。

古井は前作の『この道』から本書にかけて、存在のあり方を「道を歩むこと」として翻訳した。このことは、人間の実存を、何事かへの途上にある脱自的な「途上存在」(Unterwegssein)と見なしたハイデッガーを思わせる。ただし、古井の小説を特徴づけるのは、ハイデッガーのような深遠な存在論ではなく「間違った道をわざとのようにずんずんと遠くまで来てしまった」という、いたずら少年のような愚行である。この間違った道では、ちょうど異常気象と同じく、起こるべきことが起こらず、起こるはずのないことが起こる。古井はその確信的な愚行によって、いわば《感覚の気候変動》に近づこうとしていた。

それにしても、起こったことがまるで起こらなかったかのように感じられるというのは、それ自体が危機の兆候である。[※2] 惨事が起こっても、それを感覚につなぎとめられなければ、あるいは無感覚・無感動でやり過ごせば、起こらなかったことと等しくなる。逆に、起こらなかったことをまるで起こったかのように強く感じるとき、不安や恐怖を伴う妄想がとめどなく膨張してゆくだろう。何が起こっても起こったことにならず、起こってもいないのに起こったことになる——このような感覚のトラブルは、今や古井の文学にとどまらず「われわれ」の日常にまで広がっているのではないか。五感に基づく現実感覚だけでは、もはや放射性物質もウィルスも把握できないのだ。

ならば、本書は異常感覚にふける老人小説というよりは、むしろ老いた病者のレンズを通じて群れの感覚を指し示そうとする、徹底して認識的な小説として読み解かれるべきだろう。一般的に、古井は社会から離脱した「内向の世代」の代表と見なされてきた。しかし、古井の可能性感覚は、リアリスティックな実質を備えている。その「内向」の実験は、社会のうわべのコミュニケーションの底にある感覚の遷移を、言葉へと精密に翻訳しようとする。そして、その翻訳の作業は、作家の最晩年において、異常気象の観測と見紛うものとなったのである。

＊

もともと、古井の文学には「群れの政治学」とでも呼べる一面があった。初期の『円陣を組む女たち』や『男たちの円居』では、個体が群れになった途端、新たな欲望や行動様式によって動き出すさまが描かれる。古井には、「女」（男）と「女たち」（男たち）を別の生き物として認識しようとする、鋭い洞察があった。しかも、個体の感覚は、群れの感覚によってたやすくハイジャックされてしまうのだ。この群れに横切られた自我の発見は、インターネット時代にも通じる古井の先見性をよく示している。

そう考えると、本書に収められた未完の遺稿が「自分が何処の何者であるかは、先祖たちに起こった厄災を我身内に負うことではないのか」という一文で終わっているのは、意味深長である。古井は群れの概念を「先祖」にまで拡大した。しかも、その先祖たちを見舞ったカオス的な「厄災」は、感覚の亡霊となってわれわれに引き継がれているのである。

古井の小説は一見して静謐であり、その語り手は孤独で思弁的である。古井自身には妻がいたが、本作の語り手はまるで独身者のように生活している（それゆえ「妻はどこにいるのか」という問いは、古井の小説にとっても無縁ではない）。この独身者は、静けさのなかに破局の予兆を招き寄せずにはいられない。古井が示すのは、《感覚の気候変動》にさらされた荒涼とした地平こそが、認識の出発点にして終着点になり得るということである。

何にせよ、古井は中身のない技法を誇示するマニエリストではない。東京大空襲を生き延びた古井にとって、天下大乱のカオスをがっしりと受け止められるだけの、精密で粘りのある文体をどう組織するかが、現代文学に課せられた使命であった。その探索が完結することはあり得ない。それゆえ、本書に限らず、古井のすべての作品が「未完の遺稿」なのである。この未完結性ゆえに、古井由吉は常に新しい作家として、今後も読み継がれるだろう。

※1 イアン・ウォットが強調するように、近代小説のリアリズムに先立って、すでにデカルトやジョン・ロックは主観性の原理に根ざした哲学革命を推し進めていた。18世紀の小説はその延長線上で、時の流れに巻き込まれた有限の個体を描こうとしたのである。それになぞらえれば、小説における感覚の解像度をぎりぎりまで引き上げて、時そのものを引き延ばそうとする古井由吉は、デカルト的な「コギト」を間主観的な「モナド」へと展開したフッサールに対応するかもしれない。この点は拙著『らせん状想像力』第二章参照。

※2 哲学者の木田元との対談（『連れ連れに文学を語る 古井由吉対談集成』所収）で、古井は第一次大戦直前の「一九〇六年」の日付を書き込まれたムージルの『特性のない男』について、興味深いことを述べている。「どのような危機感があっても、このオーストリア・ハンガリア二重帝国では、何かが起こった、エス・ゲシート（es geschieht）というドイツ語本来の言い方をせず、エス・パシールト（es passiert）とフランス語風に言う。すると、起こったことも、起こっていないような感じになる。〔ムージルは〕そんな無風地帯にかえって緊迫感をもたせている」。

帰属の欲望に介入するアート

ニコラ・ブリオー『ラディカント』評

ニコラ・ブリオー
『ラディカント グローバリゼーションの美学に向けて』
（武田宙也訳／フィルムアート社／ 2022年）

ニコラ・ブリオーと言えば、「関係性の美学」を唱えた世界的に著名なキュレーター・美術批評家だが、日本での紹介は遅れていた。本書『ラディカント』はブリオーの初の邦訳書となる。彼の書きぶりは体系的とは言えないものの、その主張はとりあえず「ラディカルからラディカントへ」「帰属のモデルから翻訳のモデルへ」「ポストモダニズムからオルターモダニズムへ」と要約できるだろう。

radicalの語源は「根」である。20世紀のモダニズムはラディカルであろうとした。絵画なら絵画の、彫刻なら彫刻の「根源」に、不純物を取り去りながら遡行し、その表現のプログラムを徹底的に洗い直す――このようなジャンルの純化がモダニズムの理論的立場（特にクレメント・グリーンバーグの「メディウム・スペシフィック」に代表されるもの）を特徴づけている。ラディカルなモダニストたちはそのジャンルの規則を根本的かつ徹底的に解析し、芸術を新たに始め直すことをもくろんだ。

しかし、ブリオーによれば、このようなモダニズムの「根」の探究は、グローバル化のなかで二つの困難に直面している。一つは根源に遡ろうとするラディカルな思考の運動が「アイデンティティという根」への帰属に置き換えられてしまったことである。もう一つは「移民、亡命者、観光客、都市の放浪者」のように、たえず移動するノマド的な主体が出現したことである。それゆえ「グローバリゼーションの美学」を構想するには、根へのオブセッションを捨てて、主体と芸術のモデルを新たに練り上げなければならない。そこでブリオーが標語的に提案するのがradicant、つまり接ぎ木や移植のモデルである。

このラディカントという付加形容詞は、前進するにつれて根を伸ばし、また増やしてゆく有機体を指すものである。ラディカントであることとは、みずからの根を異質な文脈やフォーマットのなかで演出することであり、そこで始動させることである。わたしたちのアイデンティティを完全に定義する力を根に認めないことである。

ラディカントなアートは「アイデンティティの実験室」として機能する。「ラディカルなアーティストがオリジナルな場に戻ろうとしていたのに対して、ラディカントは戻るべきいかなる場所ももたずに出発する」。特定の根＝場所をもたずに、たえず転位（displacement）を続けるラディカントな主体像――ブリオーによれば、それはある言語コードから別の言語コードへと移動し続ける「翻訳者」、あるいは記号の海を冒険する「記号航海士」に等しい。

それにしても、ブリオーはなぜ「根」へのこだわりを解除しようとするのか。それは、モダニズムを乗り越えるはずのポストモダニズムが、多文化主義の旗印のもとアイデンティティ・

ポリティクスに吸収されたからである。

ポストモダンの多文化主義がモダニズムの普遍主義に対するオルタナティヴを創出することに失敗したのは、それが適用されたあらゆる場所において、文化的投錨や民族的に根を張ることを再現したからである。ポストモダンの多文化主義は、西洋の古典的な思考とまったく同じく、さまざまな帰属に基づいて機能するものだからである。

ポストモダンの多文化主義は、人類を変革しようとする大きな物語――共産主義をその頂点とする――をあきらめて、おのおのの小さな物語を等しく尊重する方向に舵を切った。しかし、その結果、アーティストの作品以上に、彼（彼女）がどのようなアイデンティティに「帰属」しているかばかりが問われるようになる。「各人は、出所を突き止められ、登記され、みずからの言表行為の場に釘づけされ、みずからの出自となる伝統に閉じこめられる」。モダニズムの終焉の後、ひとびとはアイデンティティという分類表に基づいて、作家をラベリングするようになった。ポストモダニズムは新たな普遍性への道を開き損ね、アイデンティティという特殊な根――今やそれは「プロフィール」として明文化される――を聖域としたのである。[※1]

この袋小路から脱出するために、ブリオーはモダニズムの普遍主義でもなく、ポストモダニズムの多文化主義でもない、文化間の翻訳や変換や放浪のプロセスを核とする「オルターモダニズム」の道を示そうとする。彼の考えでは、それにはすでに先例がある。例えば「移ろいゆくものから永遠のものを引き出す」という19世紀の詩人シャルル・ボードレールの有名な宣言は、プレカリアス（不安定）な生を象ろうとする現代アートに先駆けている。さらに「根無し草」であることを恐れなかった20世紀前半のマルセル・デュシャンの「レディメイド」の手法には、日常的なモノをその帰属先から引き抜いて移植するラディカントの美学が予告されていた。

ラディカルな（＝根源へと遡る）モダニズムとは異なる、もう一つの近代性の系譜をとり出すこと――それはパリのボードレールやニューヨークのデュシャンの都市型モダニティを、21世紀の文脈で浮上させることを意味する。エフェメラルであること、壊れやすいこと、クレオール的であること、放浪することは、偶然の異種配合をもたらす交換台として機能する。ブリオーは根無し草であることを逆用するアートの系譜に、根の牢獄から脱出するヒントを見つけ出そうとしたのだ。

＊

もっとも、ブリオーの議論は全体的にイメージが先行しており、肝心のオルターモダニティの内実も鮮明に描かれているとは言い難い。それに「ラディカル」と「ラディカント」をそうすっきりと区別できるかも疑問である。そもそも、うつろいゆくものを永遠なるものに割り振るボードレールや、アートの定義を決定不能に追い込むデュシャンは、近代的体験の核がパラドックスにあることを示した作家である。宇宙人のように徹底して根無し草であること、それによってパラドックスを生き抜くことは、むしろラディカル（根源的）であることの必須の条件ではないか。このような逆説やひねりを欠いた本書は、ブリオー自身が言うように、あくまで「パワーポイント・プレゼンテーション」として読まれるべきだろう。

だとしても、アートが帰属の欲望にいかに介入できるかという本書のテーマは、今こそ喫緊の課題に思える。なぜなら、固定した「根」をもとうとする動きは、『ラディカント』刊行後の10年余りのうちに加速してきたからである。それは多文化主義的なアイデンティティの政治に限らない。

例えば、近年のアートの領域では、SEA（ソーシャリー・エンゲージド・アート）が注目を集めてきた。SEAはブリオーの「関係性の美学」が美術館内の作品の水準にとどまっていることを批判し、むしろアーティストと市民の「社会的協同」を核としてアートを再編しようとする動きである。ひとびとの不和や分断が大きな問題となるなか、アーティストは挑発的な作品を作って自己満足するのではなく、社会やコミュニティの問題を解決するきっかけを提供せねばならないというわけだ。

このような「社会的転回」（クレア・ビショップ）が、アートにとって有望な未来を開くかは定かでない。そもそも、社会的協同がゴールなのであれば、アートを選ぶ必要があるのかという素朴な疑念も拭えない。アートとは即効性の薬ではなく、一人ひとりの受け手の記憶のなかで時間をかけて成長していくものだが、強いエンゲージメント（参与）の要求はその豊かな時差を打ち消しかねないのではないか。だとしても、モダニズム的エリート主義に反発し、富裕層向けのアート市場からも距離を置きながら、ソーシャルなつながりを根源とするSEAが、今後アートの体制に持続的な変化をもたらす可能性はある（ちなみに、SEAの潮流にいち早く加わり、近年は「アフロ民藝」という不思議な企画に取り組むシアスター・ゲイツのような異色の作家もいる）。

他方、この「ソーシャル」への帰属をちょうど反転させるように、人知の及ばない「モノ」への関心も、アートの理論的な水準――「新しい唯物論」や「思弁的実在論」や「人新世」をそのキーワードとする――にすでに定着している。気候変動をはじめとするエコロジカルな危機は、哲学のみならずアートにおいても、人間中心主義への疑念を招き寄せずにはいない。「人間にとっての現実」を解釈するのではなく「現実そのもの」に肉薄せよという新世代の哲学者の指令（古くはレーニンにまで遡る）は、今の少なからぬアーティストにとって、むしろ親しみやすく響くに違いない。李禹煥の主導した「もの派」という先例をもつ日本の美術界では、なおさらそうだろう。

もっとも、モノそのものから考えよという指令に無批判に追随するのも考え物である。精神のふるさとを失った近代人は、ついつい環境に深く根ざしたモノに魅せられ、そのあり方に執着してしまう。※2 しかし、それはそれで、すでに1990年代に問題になったように、「生もの」

へのフェティッシュな帰属を招く危険性もあるのではないか。関係の集積である「社会」への傾斜と、関係の彼方にある「物質」への感染は、一見して対照的に思えるが、実はコインの裏表なのかもしれない。

＊

このような状況下で、アイデンティティやモノをその帰属から解き放とうとするラディカントの美学は、いかに可能になるだろうか。根に執着するのではなく、接ぎ木や転位や翻訳へと開かれた「出エジプト」型のアートには、いかなる展望があるだろうか。ここで注目に値するのは、近年のインスタレーションや彫刻において、頭脳的にも感覚的にも洗練されたラディカントな仕事が見受けられることである。

例えば１９７４年生まれの宮永愛子。宮永のアートは、日常生活に溶け込みやすいもの——家庭の台所やタンスにもあるナフタリンや塩——を使って、自然のうつろいや循環を見事に捉えている。宮永がナフタリンで造形した事物（靴や帆のように移動に関わるオブジェ）は展示中にも静かに気化し、その形を失って朽ち果ててゆく。しかし、それは消滅ではなく、むしろ形態間の翻訳である。モノが自然の作用を受けて別の形をまとおうとする、その中間的な《ま》に観客は立ち会っているのである。

宮永の扱う素材は、構築的というより環境的である。例えば、《漕法Ⅰ》では大量の海水を使って、漁師の網に塩の結晶をまとわせる。熟練の手仕事が網を作り、その《ま》の多い網が微細な塩の彫刻を生み出し、その彫刻の発する粒子が空間を立ち上げる——時間と空間そのものがゆっくりと呼吸するようなこのプロセスのなかで、形の翻訳が静かに進められる。並の作家がナフタリンや塩を扱おうとしても、たいていはその繊細さを保ち切れずにダメにしてしまうだろう。素材や空間についての深い研究に裏打ちされているからこそ、宮永はモノを《ま》へと翻訳できるのである。

思えば、近代建築を象徴する素材は「ガラス」であった。この硬質ですっきりとした物質は、すべてを公開しようとする近代の原理と対応している。逆に、宮永の好む透明樹脂は、ガラスのようなシャープな透明感をもたない代わりに、自然のサイクルを包み込む器としてはぴったりである。「梱包された環境」（磯崎新）の系譜に連なる透明樹脂のアートは、秘密めいたやり方で粒子を保存する。秘密を公開するのではなく、梱包しようとする展示空間——それがときに、生活の匂いの沈殿した古民家を思わせるのも、偶然ではないだろう。

さらに1980年生まれの毛利悠子。毛利の代表作《パレード》はいわばアレクサンダー・カルダーの「モビール」彫刻を腹ばいにして、夏休みの工作に置き換えたような風情のインスタレーションだが、そこに電気が流れると、どこにでもあるようなジャンクな道具たちが賑やかに共鳴し始める。人間にはお構いなくお祭りを始めた日用品たち——そのユーモラスな遊びのなかで、モノは跳ね上がり、ぶつかり、寝入り、音となる。モノは自己に閉じこもることをやめて、軽やかなエネルギーへと変換されるのである。

その一方、十和田市現代美術館でのインスタレーション《墓の中に閉じ込めたのなら、せめて墓なみに静かにしてくれ》(2018年)では、より立体的な構成が試みられる。そこでは回転するスピーカーが音と振動を転位させ、さらに中央の螺旋階段はとぐろを巻いてエネルギーを放散させながら、壁に影を投げかけるのだ。ウラジーミル・タトリンの《第三インターナショナル記念塔》を参照したこのインスタレーションは、かつてのラディカルな前衛を回顧しつつ、それを大胆に変奏したサウンド・アートとして運動し続けていた。

毛利自身は「見えない力」を自作のコンセプトとしているが、それは「乗り移る力」と言い換えてもよいかもしれない。カルダーが動きを暗示するのではなく、動きそのものを捉えたのと同じく(サルトル「カルダーのモビル」『シチュアシオンⅢ』所収参照)、毛利もとるにたらない環境的なモノたちを使って、エネルギーの送受信を繰り返す。彼女のインスタレーションは、工作と音の楽しみを呼び覚ますユーモラスな翻訳機である。モノが別の形態へと乗り移ろうとする、その《ま》の多面体ほど、観客の想像力を刺激するものがあるだろうか。

表面的な印象を言えば、宮永の作品が静謐で自然的であるのに対して、毛利の作品は賑やかで機械的である。陶芸家の家に生まれた宮永が、形をもたないものに束の間の形を与え、静けさのなかに幽かな音を響かせるのに対して、秋葉原でジャンクをあさっていた毛利は、ときに台座もとっぱらい、地面を占有してエネルギーを転移させてゆく（腹ばいの保育園児たちが遊びのフィールドを拡大していくように？）。その点で、両者の作品は鮮やかなコントラストをなしている。

しかし、私はむしろ両者の共通性に心惹かれる。宮永にせよ毛利にせよ、何の変哲もない日用品たちから、実に豊かな共鳴や運動を引き出している。彼女らはモノを特定の帰属から解放する。宮永のナフタリン・アートは別の形態へと静かに変わり続け、毛利のジャンク・アートは音や影へとたえず翻訳される。これらのユニークなオブジェはわれわれの「モノへの執着」を満たすが、眼前のモノだけに目を奪われていると《ま》の広がりには気づかない——それはまさに「まぬけ」である。しかし、一度は具体的なモノに魅入られなければ、抽象的な《ま》も浮かび上がってこない。※3 それも確かだろう。

してみると、宮永や毛利が制作したのは、モノへの感染とモノからの離脱が同時に生じるようなメディウムではないか。それは根無し草の不安をかきたてるよりも、むしろ「フロー」（ボリス・グロイス）の世界との新しい出会い方のデモンストレーションとなる。もとより、両者のコンセプトは「ラディカント」として要約できるほど単純ではないにせよ、そこにはボードレールやデュシャンの構想と気脈を通じるものがある。ブリオーの議論は、魅力的なアイディアと創意に富んだ作品によって更新されてゆく必要があるが、その未来は実はわれわれのすぐそばで、すでに芽吹いているように思える。

※1 社会学者のハンス＝ジョージ・メラーは、唯一無二の「本物である」(authentic)ことを望むのが近代人の欲望であるのに対して、ポストモダンの人間にとっては、本物であるかどうかよりも、プロフィールの獲得が新たな価値基準になっていると見なす(Hans-Georg Moeller& Paul J D'Amvroso, *You and Your Profile*)。要は、自己の隠れた内奥を凝視するのではなく、むしろ他人にとって観察しやすい記号的・表層的な自己像(経歴、見た目、フォロワー数等)を操作しつつ、承認ゲームで勝とうとする動きが一般化するわけだ。ただ、プロフィールという綺麗な造花を並べ、仲間外れにされないように周囲をうかがいながら「過剰可視化社会」(與那覇潤)に適応しても、それは生き方として虚しいのではないか。ブリオーの「ラディカント」や私の「庭」(拙著『思考の庭のつくりかた』参照)は、このプロフィールの政治をすり抜けるための、別の植物的なモデルの提案である。

※2

私がここで思い出すのは、覗き穴の向こう側に、陰部をあらわにして草むらに横たわる裸の女（死体を思わせる）を配したデュシャンの遺作である。このミステリアスな作品は、認識の限界ゆえにモノに感染しやすい人間の奇妙な性癖をあぶりだした、狡知に富んだパズルに思える。ここに、素朴な唯物論への戒めを読み取るのは、やりすぎだろうか。

もとより、唯物論の哲学にもさまざまなヴァージョンがある。なかでも『関係性の美学』以来ブリオーがたえず参照するルイ・アルチュセールの論説「出会いの唯物論の地下水脈」は、再読に値するだろう。アルチュセールはエピクロスやルクレティウスの「クリナーメン」（偏倚）の概念を足場として、微小な偏り、つまり原子どうしの偶然の遭遇こそが世界の本体だと見なした。理性やモノではなく、ズレや偏りこそが世界の起源である——この「出会いの唯物論」のモデルは、後述する宮永愛子や毛利悠子のアートを考えるのにも有効である。

※3

思うに、具象画とは地上的なイメージ、肉眼で見える地上のモノを根拠とするイメージである。しかし、空中や地中では具象的な形は崩れて、抽象的なイメージが奔放に動き始める（私は飛行機内から雲上を眺めるたびにマーク・ロスコの抽象画を思い出す）。さらに、肉眼ではまったく見えないウイルスの画像は、抽象画を思わせる。要するに、地上のモノたちを取り巻く環境は、抽象の尺度でなければ捉えきれない。

共和主義者、儒教に出会う

マイケル・サンデル他『サンデル教授、中国哲学に出会う』評

マイケル・サンデル他
『サンデル教授、中国哲学に出会う』
（鬼澤忍訳／早川書房／ 2019年）

アメリカの哲学者マイケル・サンデルはハーバード大学での講義の中継によって、２０１０年代以降に世界的なスターとなった。この「思想界のパンデミック」とも言うべきサンデル・ブームは、特に日本、韓国、中国のような東アジア圏で顕著であった。本書『サンデル教授、中国哲学に出会う』はそのサンデルの政治哲学に対して、中国および北米の研究者たちがもっぱら儒家および道家の立場からコメントし、それに本人が応答した論文集である。ただ、その内容は込み入っているので、まずはそれぞれの思想的文脈を整理したい。

サンデルの政治哲学はよくコミュニタリアニズム（共同体主義）に分類されるが、今となってはむしろリパブリカニズム（共和主義）と見なしたほうがよいだろう（この点は本書の朱慧玲や陳来の論文で取り上げられている）。サンデル自身、主著『リベラリズムと正義の限界』第二版の序文でこの問題を説明している。もしコミュニタリアニズムが多数決主義、つまり当の共同体における一番人気の価値観に従う思想だとすれば、サンデルはコミュニタリアンではない。彼はむしろ人間にとって望ましい生き方を熟慮し、その道徳的な「目的」を完成させようとする卓越主義（perfectionism）の側に立つ。当の共同体で広く信じられているか否かにかかわらず、人間たちの共有すべき「共通善」を成就しようとする態度——サンデルによれば、これはアリストテレス哲学からアメリカの共和主義にまで及ぶ知的伝統に連なるものである。

サンデルが『民主政の不満』で示したように、アメリカ建国の始祖たち（トマス・ジェファーソン、ベンジャミン・フランクリン、ジョン・アダムズ、アレクサンダー・ハミルトン……）には、共和主義の理想が認められる。彼らにとって、政治はたんなる調整原理ではなく、市民を価値の問題にコミットさせ、社会のテロス（目的）について熟慮させ、市民道徳を積極的に涵養しようとする「魂の形成術」であった。サンデルはこのような「市民的共和主義」の伝統を引き受けつつ、ジョン・ロールズ流のリベラリズム（さらにはロバート・ノージック流のリバタリアニズム）への批判を精力的に展開してきた。

ロールズ流のリベラリズムは、善の構想がひとそれぞれ多様である以上、政治は特定の善にコミットせず中立的であることが望ましいとする。その背景には、主体の「自由」と「自律性」を尊重したカントの哲学がある。カントにとって、人間には二つの側面があった。一つは他の物体と同じく自然の因果律に従った「私」であり、もう一つは自然法則から独立して自律性を獲得した「私」である。後者の「私」は刺激の入力↓行動の出力というロボット的なサイクルから切り離されている――ゆえに、その人格は他の何ものかの手段ではなく、それ自体が「目的」になるのである。このような自律的な主体の自由な選択を、特定の善の押しつけによって抑圧せずに、最大限に保証しようとするのが、リベラリズムの「正義」である。「善に対する正の優先」を標語とするロールズのリベラリズムは、ここから導かれる。

それに対して、サンデルの考えでは、一切の善の構想から切り離された正義はあり得ない。サンデル的な正義はむしろ、善い生き方とは何か、共同体はどうあるべきかという道徳的な「目的」の共有と不可分である。リベラリズムの想定する「負荷なき自我」のモデルはすっかり漂白されているので、家族や隣人のことも考慮に入れられず、公民的な美徳（civic virtue）を涵養することもできない。共通善についての問いを棚上げにするリベラリズムは「われわれは望ましい生き方を選んでいるのか」という公共的な熟議そのものを不要にし、暴走する市場のストッパーにもならない。それゆえ、社会的な連帯を取り戻すためには、市民参加や熟議に基づきながら、共通善を追求してゆく共和主義的な「正義」が必要である……。

このような見地から、サンデルは倫理的かつ具体的な課題に取り組んできた。２０２０年に原著が出た『実力も運のうち』（原題は *The Tyranny of Merit*）では、能力主義が批判の槍玉にあげられている。誰もが能力さえあれば成功の可能性をつかめる——この一見して悪くないメッセージは、しかし実際には敗者に「お前は能力がないせいで失敗した」というレッテルを貼ることになる。成功した高学歴エリートに見下された低学歴の敗者は、出口のない屈辱やルサンチマンに囚われざるを得ない。リベラルなバラク・オバマ大統領が「インセンティブ」や「スマート」のように、能力主義に与する官僚的な言葉遣いを多用したことも、このような風潮を助長した。お互いに対話を経ないまま、勝者はますますおごりたかぶり、敗者はますます屈辱を募らせる——サンデルの診断によれば、この能力主義ゆえの分断が、反エリート主義的なドナルド・トランプのようなポピュリストの台頭を許した大きな理由なのである。あらゆる差別や偏見が批判されているにもかかわらず、能力主義に基づく差別だけは改善される気配がない。

すでに本書で述べたように、フランシス・フクヤマはリベラルな自律性の原理が加速した結果として、かえって古典的リベラリズムのめざした「寛容」が損なわれたと見なした。サンデルも大筋で同じことを言っている。リベラリズムにせよ民主主義にせよ、それを支える前提として、公民の徳＝力（virtue）がなければ機能不全に陥る――日本でも宮台真司や大塚英志がそのことをつとに指摘してきたが、SNSの広がりとも相まって、それが近年いっそうはっきりしてきたということだろう。

＊

では、本書において中国側の論客たちは何を主張しているのか。道家思想をテーマとする少数の論考は省いて、ここでは儒教から抽出された論点を三つ挙げておこう。それらはいずれもリベラリズムへの批判を含んでいる。

〈1〉調和と美徳の重視。儒者はアリストテレスと同じく、公民的な美徳を育てる政治を推奨する。つまり、善い生・善い人格を養うことが政治の目的（テロス）なのである。ただ、アリストテレス＝サンデルが立法者を重視するのに対して、儒者は（より属人的に）政治的リーダーと人民が同じ美徳を共有すべきだと主張する。さらに、善き生のためには「社会的調和」が必須だと見なすところも、儒者はサンデルよりも一歩進んでいる。（李晨陽、黄勇論文）

〈2〉共和主義との関係。リベラリズムが政府の価値中立性を前提とするのに対して、共和主義はむしろ政治が高潔な魂の養成に関わるべきだと見なす。この点で、儒教は共和主義と似ているが、儒教のほうが道徳的要請においてより「濃い」。ゆえに、儒教においては、個人の権利よりも共通善の達成のほうが優先される。（朱慧玲、陳来論文）

〈3〉役割倫理。リベラリズムは「自由で自律的な個人」を出発点とするが、それはあまりにも抽象的であり、生活世界に根をもたない。それに対して、孔子は特定の家族やコミュニティの関係において、人間を捉えた。儒教的人間観においては、美しい人間性はカントのように自律性・主体性を絶対視するところにではなく、さまざまな「役割」（親、配偶者、隣人、同僚……）を協調的に演じるところに生じる。主体が役割の束である以上、その自律性は幻想にすぎない。（ロジャー・エイムズ、ヘンリー・ローズモント論文）

長い歴史的伝統をもつ儒教は、すでにさまざまなヴァリアント（変異株）をその体内に含んでいる。ありていに言えば、そこから自由主義の萌芽を読み取ることもできるし、がちがちの権威主義を抽出することもできるだろう。そもそも、「述べて作らず」をモットーとした孔子からして、「先王の道」を体系的に変異させ、感染しやすくした遺伝子工学者のような思想家ではないか……。ただ、本書の論客たちの示す「21世紀の儒教」が「20世紀の儒教」から大きく様変わりしたことは、ここで確認しておかねばならない。

もともと、20世紀において儒教は、中国近代化の最大の障害として厳しい批判を浴びてきた。それに反発した一部の中国人思想家たちは、儒教さらには仏教のリソースを使って、西洋哲学に匹敵するような巨大な「体系」を構築しようと試みた。このような体系的哲学への志向は、儒教の長い歴史においても、朱子学以来の稀な変異の仕方だと言えるだろう。

この「新儒家」の代表格である1909年生まれの牟宗三《ぼうそうさん》は、カント哲学（特にその道徳的主体のモデル）を高く評価しつつ、そこに中国哲学の側から修正を加えた。カントはフェノメノン（感性的対象）とヌーメノン（超感性的対象）を区別し、理性によっては後者は不可知だとした。それに対して、牟宗三によれば、儒教や仏教はフェノメノンの分析には適さないものの、ヌーメノンに接近するための知をふんだんに蓄えてきた。牟はこの「ヌーメノンにアクセスできる主体」の構築こそが、中国哲学の独自性だと見なしたのである（拙著『ハロー、ユーラシア』参照）。

その一方、本書で描かれる「21世紀の儒教」は牟宗三型の変異株からは遠く離れている。それは個人の自律性や主体性を敵視し、むしろ共同体を支える美徳の礼賛に向かっている。つまり、20世紀に批判された古いタイプの儒教が、かえってサンデルさらにはアリストテレスの政治哲学と共鳴するものとして再評価されたのだ。

主体の再建をテーマとする20世紀の《儒教とカント》から、美徳の再建をテーマとする21世紀の《儒教とサンデル&アリストテレス》へ。[※1] この枠組みの変化はイデオロギー的であるとともに、時代の気分を表現してもいる。序文でジャーナリストのエヴァン・オスノスが述べるように、中国は確かに経済成長し、世界に冠たる一流国となったが、それで本当によかったのかという疑念も多くのひとびとに抱かれていた。この心理的な空白があったところに、道徳的価値の再建を企てるサンデルが颯爽と現れたのである。コミュニティの道徳的基盤を求め始めた中国人にとって、サンデルは格好のスターとなった。儒教研究の変化も、このような社会的風潮と無縁ではあり得ない。

＊

ともあれ、リベラルな自律の原理だけでは解決できない問題が、社会を脅かしていることは確かである。特に、人心の荒廃はリベラリズムでは対処できない。今の日本でも、多くの人間が「自分は過小評価されている」という承認の不満を抱え込んでいるのではないか。ちっぽけなコミュニティで権威主義的にふるまいたがる人間が増えたのは、加速する承認ゲームのなせる業であり、身近な人間へのハラスメントや他人への誹謗中傷が絶えない一因もここにあるだろう。

しかし、このような荒廃を儒教的な「価値の埋め込み」で立て直そうとすると、別の弊害が生じてくる。例えば「調和」を価値としたとたん、香港や新疆がすでにそうなっているように、まつろわぬ者たちは暴力的に排除される。あるいは、権威主義的な政権が「共通善」を推進するとき、個々人の魂への干渉には歯止めがかからないはずだ。さらに、「役割倫理」が強調されれば、その役割からの離脱は著しく困難になる……。儒教的な政策をそのまま実行すれば、ディストピアが到来することは明白である。サンデルも応答部分では儒教と一線を画そうとしているが、それも当然だろう。

さりとて、儒教よりは道徳的要請の薄いサンデルの共和主義も、どれほど有効なのかはよく分からない。そもそも、熟議や参加が常に無条件に好ましいわけではない。例えば、法学者のキャス・サンスティーンによれば、似通った考え方の人間どうしが熟議すると、驚くほど極端な方向に向かうことがある。むろん、孤立集団の熟議がつねに悪いわけではないにせよ（それはマジョリティに打ち消されがちなマイノリティの声を形にする手段になり得る）、慎重にデザインされない熟議は、かえって社会的な不和やトラブルを招く危険性がある（『熟議が壊れるとき』参照）。

いずれにせよ、率直に言えば、この手の政治哲学の議論は私にとって心躍るものではない（そもそも、トロッコ問題のような極端な道徳的ジレンマを演出して、視聴者を心情的に動員するサンデルのメディア戦術は、果たして「善い」のだろうか）。市場原理主義や能力主義を手放しで歓迎する日本人はあまりいないだろうし、だからこそサンデルがブームになったわけだが、市場への対抗軸を組織するときに、あいまいな共通善（「消費」ではなく「参加と熟議」によって到達できる価値観）を掛け声にするしかないのでは、やはりつらいだろう。

逆に、美学的なレベルであれば、比較的自由に想像力をはばたかせ、受け手に働きかけることができる。そこではプロフィールの政治とも、空疎で手応えのない公共善とも違うチャンネルで、倫理のありかを示すことができる。本書でボリス・グロイスや古井由吉やニコラ・ブリオーを取り上げてきたのはそのためだが、それにしても撤退戦であるには違いない。ただ、明らかなのは、スカッと爽快な結論はどこにもないということである。あらゆる思想は、螺旋状の運動からちぎれ、壁に投げかけられた影絵である。その影を性急に実体化しようとすると、たいてい愚かしく滑稽なことになる。そのことは儒者や政治学者よりも、かえって先鋭で理知的なアーティストのほうがよく理解しているように思える。

※1　この点は黄勇の論文でも言及されている。「学者のなかには、儒教はカントの道徳哲学の枠組みの中でよりよく解釈できると考える者もいる。とりわけ、現代の儒者としてはおそらく最も重要な牟宗三に強く影響された台湾や香港の儒教研究者がそうだ。しかし、儒教はアリストテレス主義になじみやすいと考える者も、私を含めて次第に増えてきている」。儒教内部でのリヴィジョニズム（修正主義）は現在進行中の問題なのである。

胎児という暗がり、妊娠というプロジェクト

リュック・ボルタンスキー『胎児の条件』評

リュック・ボルタンスキー
『胎児の条件 生むことと中絶の社会学』
（小田切祐詞訳／法政大学出版局／ 2018年）

私事で恐縮だが、我が家には幼い息子がいる。やんちゃでおしゃべりな彼が、ついこの間まで母親の胎内にいたと思うと、呆然とせざるを得ない。人間存在の前史としての胎児とはいったい何なのか――これは数年来、私にずっとつきまとっている謎である。

胎児と新生児は個体として連続しているにもかかわらず、その社会的な扱いはまるで違う。新生児は産声をあげたときから、医療的にその存在を確認され、法的に保護される。つまり「近代」の諸制度が、その新生児を「人間」として扱うために迅速に入り込んでくるのだ。その後、周囲の大人たちはこの子を文化の網の目に組み込むために、名前と衣服を与え、写真を撮り、折々の行事でお祝いする。新生児はさまざまな「認証」の装置をくぐり抜けて、個別化されるのである。

それに対して、胎児は文化以前のミステリアスな存在である。その胎内での姿かたちは、誰も肉眼では確認できない。胎児を表象し意味づけるにはテクノロジーの力を借りるしかないが、エコー写真はぼんやりしてまるで心霊写真のようである。胎児は映像としてプロジェクト（投影）された亡霊的存在であり、社会にも文化にも帰属していない。その正体は結局、産んでみないと分からない。そのことが親を不安にする。高齢出産となれば、なおさらである。

この拭い難い不安を背景として、出生前診断をはじめとする生殖技術が近年、めざましい進歩を遂げている。もっとも、この種の診断を喜んで受ける親は、どこにもいないだろう。我が家も高齢出産であったため、出生前診断もいちおう検討したが「子どもの障害はいろいろあり得るのに、ダウン症だけがスティグマ化されているのはおかしい（かつ少ないながら流産のリスクもある）」「仮に陽性判定が出たとしても、エコー写真で存在を確認した胎児を中絶することは、どのみち心理的に耐え難い」ということで、結局受けなかった。ただ、診断を受けるか否かという以前に、心に重い枷をはめる技術がポンと与えられて、その後の選択は親に任されているのは、やはり大きな問題だろう。

思うに、妊娠はどこか地震と似ている。母体は胎児によって不意打ちされ、身体と感情を大きく揺るがされる（「娠」は『説文解字』によれば「女がみごもって身体が動くこと」を指す——「震」や「振」もそうだが「辰」という字にはもともと「動く」という意味がある）。震災の被災者と同じく、妊婦はいつやってくるか分からない「揺れ」のなかで、一定の不自由を甘受せねばならない。しかも、たいていの人間は経験も知識も乏しいまま、ある日いきなり妊婦や被災者になってしまうのだ。この新米の当事者が、生命に関わる重大な問題について「自己決定」せよと迫られても、適切な判断をくだすのは容易ではない。

生殖テクノロジーはこれまで選択不可能であったものを、選択可能にする。この急激な変化に対しては、まずは社会のなかで議論が蓄積されねばならない。しかし、本来そのような啓蒙をリードすべき「生命倫理」にしても、テクノロジーの進歩にはなかなか追いつけず、社会的な共有財産として定着していないのが実情ではないか。現に、出生前診断を受けたはいいものの、そこで出た確率をどう考えればよいか分からず、途方に暮れる親もいるようだ（クリニックによっては遺伝カウンセリングの体制すら整っていないケースもある）。今の日本では倫理的なスタンダードも確立しないまま、テクノロジーと自己決定が独走する傾向にある。「出生前診断」の読み方すら、ひとによってまちまちなのは、この問題をめぐる知の未熟さを象徴するものだろう。

加えて、もう一つの問題は、妊娠や出産に関心を寄せる世代がごく限られていることである。当事者たちが未知の新技術に右往左往する一方、社会全体としては知見がアップデートされない――ここにはテクノロジーの個人化ゆえの社会的分断がある。そのせいで、少子化がこれだけ問題視されているのに、生殖テクノロジーのほうはある意味野放しになり、当事者が選択の重荷を背負わされることになってしまう。最近よく話題になる卵子凍結も含めて、人類は「生むこと」について選択の自由を手に入れつつあるが、それは新たな「自由の刑」（サルトル）の出現を意味する。われわれはその自由の帰結を、まだ十分に理解できていないのではないか。

＊

ところで、生殖をめぐる知の未熟さや貧しさは、胎児そのものの捉えがたさとも深く関係する。新生児と違って、胎児にはきわめて貧しい意味しか与えられない。胎児としての数か月の生——子宮というトランジット（乗り継ぎ）における生、分娩＝配達（delivery）が完了する前の輸送中の生——は、誰もが通過するステージであるにもかかわらず、人類の認識において盲点となっている。胎児は文化の防護壁をもたない。そのせいで、そこにはテクノロジーがしばしば留保なく入り込んでくるのだ。

ただ、このような状態を野放しにするのは望ましくない。フランシス・フクヤマ（『人間の終わり』）やマイケル・サンデル（『完全な人間を目指さなくてもよい理由』）も危惧するように、遺伝子操作が一般化し、能力を増強するエンハンスメント——イシグロの『クララとお日さま』の言い方を借りれば、gifted ならぬ lifted（向上措置）——が広まれば、自由や公正という近代の根幹の価値観は大きく揺らいでしまう。サンデルの考えでは、治療の領分を超えたエンハンスメントは、ひとびとの連帯の絆となる「生の被贈与性（giftedness）」（人間を規定する偶然性や脆弱性）を損なうことになるのだ。ならば、まずは胎児を認識の暗がりから救出することが、喫緊の課題ではないか。

その意味で、フランスの社会学者リュック・ボルタンスキーが「胎児の条件」の解明に挑んだことは、注目に値する。ピエール・ブルデューに学んだボルタンスキーは本書『胎児の条件』のなかで、主に「中絶」の問題を中心としながら、胎児の存在論的な位置づけをめぐってさまざまなアプローチを試みた。その内容は込み入っているが、とりあえず要点を抽出しておこう。

〈1〉人類学的な視点から言って、中絶はこれまで「十分に表象されてこなかった」。近親相姦や嬰児殺しのような、ひとをぞっとさせる「侵犯」であれば、神話や物語のなかでたびたび取り上げられる。しかし、中絶となると、イメージの次元にはほとんど記載されていない。哲学においても同様である。中絶は「自殺と異なり、西洋哲学が人間の条件について発展させてきた諸概念になんら影響を与えることはなかったように思われる」。

ボルタンスキーによれば、中絶は近代・前近代を問わずどの社会にも普遍的にあるが、それが基本的な方針として認められることはなく、たいてい強い非難の対象となった。中絶を積極的に奨励する社会はない。にもかかわらず、その非難はたいてい道義的なものにとどまり、処罰にまで到ることは多くなかった。[※1] つまり、おおっぴらに語られない秘密である中絶は、社会の憤慨を招きながらも大筋で許容されてきたのだ。

私なりに言い換えれば、中絶には禁止‐侵犯というバタイユ的なドラマがない。つまり、中絶は望ましいことではないが、秩序を動揺させる侵犯とまでは見なされない。決して称賛されないが、社会的にはおおむね許容される。中絶をめぐる価値判断は、しばしばうやむやのまま宙吊りにされる。中絶の核心にあるのは、このようなあいまいさである。

〈2〉そうは言っても、妊娠・出産の当事者にとっては、中絶という選択肢をあいまいなままにはできない。ボルタンスキーはさまざまな聞き取り調査を通じて、現代の妊娠を「マネージメント」の対象である「プロジェクト」として位置づけた（不妊治療は妊娠のプロジェクト化の象徴と言えるだろう）。妊娠の当事者たちは「親となるプロジェクト」に乗り出すが、その過程でときに、胎児に望ましくない可能性が現れるケースがある。そのとき、中絶はそのプロジェクトの「失敗」を吸収するための装置として利用される。

ボルタンスキーによれば、当事者の女性たちは、中絶を主体的・自発的な「決定」として了解するよりも、「やむをえない過程の結果」として説明することのほうが、ずっと多い。妊娠というプロジェクトは、胎内の生命が、生まれてくるべき子どもかどうかを選別するプロセスを経る。このプロジェクトからの要求の結果として、中絶を合理化するケースが多いのである。

もとより、胎児を仕分けする絶対的な基準はないが、それでもカテゴライズしなければ中絶はできない。ボルタンスキーは「肉としての人間」と「ことばによる人間」というカテゴリーがあると想定する。妊娠・出産というプロジェクトに迎え入れられるのは、ことばを通じて大人たちに認証された胎児、つまり「真正な胎児」である。逆に、中絶の対象となるのは、そのような認証を得られず、肉の次元に留められた「できものとしての胎児」である。「この胎児は、世界の中にできるだけ痕跡を残してはならず、たとえ記憶の中であっても残してはならない。少なくとも、中絶をした女性本人以外の人びとの記憶の中に残してはならないのである」。こうして、プロジェクトから排除された胎児は「最小限の表象」しか与えられずに、無へと吸い込まれる。

〈3〉表象の貧しさや胎児のカテゴリー化は、中絶の社会学的分析には欠かせない現象である。しかし、妊婦の身体においては、もっと複雑な出来事が起こっているのではないか。そこでボルタンスキーは、妊娠の生じている場＝身体の経験を《コーラ》――古くはプラトンの『ティマイオス』に登場し、近代の西田幾多郎やオギュスタン・ベルク、ジャック・デリダらに受け継がれた場所の概念――に引き寄せて記述しようとする。

ここで《コーラ》は《トポス》と区別されている。トポスとは「存在から分離された場」のことである。人間と場＝トポスがきっちり分かれた状態で、主体が自律的に行為する――これはリベラリズムの前提でもあるだろう。逆に、コーラは「存在と相互関係にある場」を指す。人間と場がもつれあい、相互に作用を及ぼすのがコーラの特徴である。胎児と共生する女性の身体は、トポスではなくコーラに近い。先述したように、地震と妊娠は似ているが、揺れる大地／身体はまさに《コーラ》そのものである。

こうして、ボルタンスキーはリベラルな自律的主体のモデルを相対化しつつ、妊娠する身体という《コーラ》を概念化しようとする。そのアイディアは十分に展開されたとは言い難いが、それでも妊娠という体験を掘り下げると、哲学的なテーマにまで到るのは当然だろう。妊娠や出産は明らかに人間の根源に関わるが、これまでの男性たちの哲学ではまともに扱われてこなかった。ボルタンスキーはその欠落を埋めようとしたのである。

＊

もとより、20年近く前に書かれた本書が、すでにいささか古びた印象を与えることは否めない。人工子宮の実用化はまだ難しいので《コーラ》の体験が妊婦から消えることは当分ないだろう。しかし、中絶に関して言えば、今後はいわば《肉以前》の段階、つまり受精卵への干渉が相当進むはずである。もし着床前診断（受精卵の段階で遺伝子異常を検出する技術）が定着すれば、中絶に伴う罪悪感や身体的負担はずいぶんと減るだろう。そのとき「肉としての人間」と「ことばによる人間」というボルタンスキー的なカテゴリーは、修正を余儀なくされるのではないか。

それでも、本書の試みは貴重である。そもそも「生物学的なもの」と「社会的なもの」が家族においていかに接合されるか、それによって人間の集合体がいかに持続するかは、人類学の主要なテーマであった。レヴィ＝ストロースの人類学は、近親相姦というタブーを回避するための《婚姻》の規則を、つまり「誰が誰と結婚できるか」という親族関係の法則を重視した。それに対して、ボルタンスキーは認識の暗がりにあり、明確なタブーもない《出生》の規則を、つまり「いかにして胎児に生まれる権利が与えられるのか」という問題を浮かび上がらせる。ボルタンスキー流の「生むことと中絶の社会学」には、バタイユやレヴィ＝ストロースとは異なる人類学的モデルが必要なのだ。

こう考えていくと、リュック・ボルタンスキーの弟で著名なアーティストであるクリスチャン・ボルタンスキーの仕事が、どうしても思い出される。クリスチャンはまさに「プロジェクション」（投影）の作家である。例えば、子どものおもちゃがゆらめいて、壁に巨大な影絵を投げかけるインスタレーションでは、ほんの些細なものから亡霊的なイメージや記憶が引き出される。それは、わずかなサインから途方もなく大きなイメージを作り出してしまう、われわれの記憶の仕組みそのものの展示のようにも思える。

さらに、この亡霊的なプロジェクションは、遺物を収集するプロジェクトにまで展開される。クリスチャンは大量の古着や写真、さらには心臓の鼓動音——いずれも主体の痕跡を残した物質——を執念深く保存しては、それをアーカイヴ化してきた。本人が言うように、その大量のオブジェを集めた展示室は、ときに強制収容所のガス室を思い起こさせる（『クリスチャン・ボルタンスキーの可能な人生』参照）。ホロコーストのトラウマは、ユダヤ人であるクリスチャンを突き動かすオブセッションとなっている。彼は最もおぞましい「絶滅」の出来事をたえず喚起しながら、膨大な痕跡の「保存」を実行し続ける——まるで悪夢にうなされながら救済の夢を見るように。そこでは、事物の救出と収容はときに区別しがたい。

リュックが多くの女性の「証言」を集めて、おおっぴらに語られない中絶さらには胎児という亡霊を描き出したとすれば、クリスチャンは大量の遺物を保存し、インスタレーションのなかで死者を生き返らせる。ボルタンスキー兄弟の関心はまさに好一対である——中絶が《生前の死》だとすれば、保存は《死後の生》なのだから。そして、このいずれもが、亡霊のプロジェクション（投影）を含んだプロジェクトとして実行されるのである。人間は今や生まれる前から、テクノロジーの環境に収容され、その干渉を受けている。胎児の選別は今後、より洗練された技術的手法でなされるだろう。そのとき、われわれは亡霊の記憶を保つことができるだろうか。ボルタンスキー兄弟はそのような重い問いを投げかけている。

※1　むろん、アメリカのように、プロチョイス派（女性の選択を重んじ中絶を認める立場）とプロライフ派（生命を重んじ中絶に反対する立場）が「市民戦争」のような争いを繰り広げている国もある。銃規制問題および中絶問題で国論を二分するような大騒ぎになるアメリカは、私には何とも奇妙な国家に映るが、この二つの問題がいずれも「生命を守ること」と「権利や選択を守ること」という近代の二つの原理の衝突から来ていることは、無視できないだろう。私を含めて大方の日本人は「銃を所持する権利はバツで、中絶する権利はマル」と言いたくなるだろうが、そう簡単にはいかない。アメリカの外では適当にやり過ごされている——しかしパンデミックともなれば浮上せざるを得ない——「チョイス」と「ライフ」の相克が、アメリカではむしろたえず顕在化されるのである。

なお、ボルタンスキーも言うように、日本は胎児が比較的多く表象されてきた国である。なかでも『古事記』にはイザナギとイザナミのあいだに生まれた蛭子を、葦舟にのせて海に流すエピソードがある。河合隼雄の『神話と日本人の心』によれば、この捨てられたまま帰還しなかった神は、日本神話の調和を崩す異物と見なすことができる。

自己を環境に似せるミメーシス

ヨーゼフ・ロート『ウクライナ・ロシア紀行』評

ヨーゼフ・ロート
『ウクライナ・ロシア紀行』
（長谷川圭訳／日曜社／ 2021年）

政治史上の20世紀を「実験の世紀」と呼ぶならば、その最大の実験場は疑いなくソヴィエトである。特に、ヨーロッパの知識人においては、後進国のロシアで革命が起こり、人類の変革を掲げる共産主義が国家的な綱領となったことは、大いなる驚きをもって受け止められた。それゆえ、彼らがこぞってソ連に関心を寄せたのは不思議ではない。

ソ連の旅行記を書いた西欧人作家としては、H・G・ウェルズやアンドレ・ジッドの名が思いつく。1866年生まれのウェルズはペテルブルグの旧友マキシム・ゴーリキーのもとを訪れ、続いてモスクワのレーニンと会談した。その模様を記した『影のなかのロシア』（1920年）では、ソ連の電化を進めるレーニンが「電気技師のユートピア」に屈服した「クレムリンの夢想家」だと批判される反面、がたがたのロシアを再建できるのは、彼の率いるボリシェヴィキ政権だけだという認識も記されていた。

かたや1869年生まれのジッドの『ソヴィエトからの帰還』（原書1936年／邦題『ソヴィエト旅行記』）は、ソヴィエトに対する幻滅の記録である（ゴーリキーの葬儀において読まれた演説も含む）。スターリン体制下のソ連を訪問したジッドは、社会を支配するコンフォーミズム（順応主義）やその閉鎖性を目の当たりにして、労働者の解放が夢物語にすぎないことを告発した。自らに同意する者しか認めないスターリンの独裁が、極度に抑圧的な収容所国家を生みつつあることは、ジッドには明らかであった。

西側のヨーロッパ人にとって、共産主義という壮大な実験に臨むソヴィエトは、彼らの政治上の願望や不安の投影されたスクリーンとなった。この前代未聞のプロジェクトの内部に入り込んだウェルズやジッドは、一般民衆にも政治的人間の顔を投射した。ジッドがロシアの風景にさほど興味を示さず「私にとって大事なのは人間であり、人類なのである。人間をどう導くべきか、人間はどう導かれてきたのか、なのである」(國分俊宏訳)と明言したことは、彼の姿勢をよく示している。

それに対して、1894年生まれのドイツ語作家ヨーゼフ・ロートの観察は、イデオロギーに還元されない複雑なニュアンスを帯びている。レーニン没後の1926年から翌年にかけて、ロートはドイツの新聞『フランクフルター・ツァイトゥング』の記者としてウクライナおよびロシアを取材し、その報告を本国に書き送った(ちなみに、モスクワ滞在中には同世代のヴァルター・ベンヤミンとも会っている)。本書『ウクライナ・ロシア紀行』はその一連のレポートを収録したものである。

レニングラードに到着したロートは、ドストエフスキーの『罪と罰』さながら、さっそくその幻影のような都市風景を見事に再現してみせる。ジッドが政治的人間に焦点をあわせたのに対して、ロートはむしろ風景と人間のからみあいを描き出した。「ヴェネツィアが水の上に君臨する都市なら、レニングラードは湿地の上に君臨する都市だ。しかし、都市のほうが湿地に取り込まれようとしている」。かつてはパリよりも賑やかなヨーロッパ的都市であったペテルブルグは、今やレニングラードと名を変えたが、そこは相変わらず湿地の生み出す霧に包まれている。革命によって圧倒された旧世代の反動的保守主義たちはニヒリストとなり、この霧のなかで亡霊のように漂っている……。

もっとも、革命後の新世代にしても、もはや文化的な輝きはもたない。なぜなら、そこで求められたのは、ドストエフスキーやトルストイのような天才ではなく、国民学校の教師だからである。「英雄が活躍する時代は終わった。今は勤勉な事務員の時代なのだ。叙事詩の時代は終わった。今は統計の時代なのである」。「ロシアの若い流行作家は、誰にでもわかるような簡単な文体を用いる。とても原始的な言葉なので、ニュアンスや心情などを正確に伝える力をもたない」。突出した個や複雑な心情よりも、全体の合理性が優先される社会――このような平均化・凡庸化から、後にジッドの批判した順応主義まではあと一歩だろう。

英雄や文豪はお払い箱となり、事務や統計が幅を利かせる――このようなシステムの勝利を前にして、ロートはもう一つの実験国家アメリカをロシアに重ねあわせた。「私にはときどきロシアで最も古い都市（モスクワやキエフ）の通りですら、新世界の通りのように感じられる。アメリカ西部開拓地の新興都市を思い出すのである」。ロシアは「最果ての西」であるアメリカを技術的目標として、全国民を巻き込む進歩的な「新世界」へと息せき切って生まれ変わろうとする――そのとき、アメリカとロシアはイデオロギー的には対極であるにもかかわらず、双生児のように似てくるだろう。ロートの見立てでは「電気アイロンの、衛生の、水道網の、進歩の国」としてのアメリカは、ロシアにとって最大のライヴァルでありながら、事実上のモデルとなったのである。

しかも、ロートの鋭い観察眼は、この前のめりの前進運動が矛盾やきしみを生まずにはいられないことを見抜いていた。国家全体が「一つの途方もない装置」と化して新世界へと跳躍しようとする、その急激なプロセスがロシアに精神的な虚無をもたらしていることに、ロートはジッドよりも10年早く気づいていた。この敏腕のジャーナリストにとって、ソヴィエトは西側の政治的な希望を投影するスクリーンというより、むしろ新しい精神が古い亡霊と交差する《コーラ》であったと言えるだろう。彼はこのコーラを渡り歩きながら、それを豊かな息遣いと明快な文体をもつ紀行文へと仕上げたのである。

*

ヨーゼフ・ロートはもともと、東ガリツィアのブロディ(現ウクライナ・リヴィウ州)に生まれたユダヤ人であったが、その出生を偽ってオーストリア国籍の取得に成功し、ジャーナリストとしてベルリンで売れっ子になる(平田達治『放浪のユダヤ人作家ヨーゼフ・ロート』参照)。小説家としても成功するものの、ナチス台頭の危機をいち早く察知して亡命したロートには、苛酷な運命が待ち受けていた。彼は苦労を重ねたあげく、わずか40代半ばでパリのホテルで客死することになるのだ。根無し草の「ラディカント」（ニコラ・ブリオー）という形容が、ロートほどふさわしい作家はいないだろう。

東方ユダヤ人にして、帝国の遺産を受け継ぐ古き良きコスモポリタンであったロートは、多民族の集合体であるオーストリア＝ハンガリー二重帝国に、終生愛着を寄せていた。帝国の東の果てにあったウクライナのレポートにも、ロートらしい視野の広い観察眼が及んでいる。

ロートによれば、当時のウクライナはオリエンタリズム的な好奇のまなざしで見られていた。「ときどき、ある民族がブームになることがある。以前はギリシャ人、ポーランド人、ロシア人が人気だったが、今はウクライナ人だ」「私たちはウクライナという土地と人についてわずかなイメージしかもっていない。だから惹かれるのである」。ウクライナは実体ではなく表象であり、だからこそそれは無造作に消費された（このような事情は2022年の「負のウクライナブーム」においても、さほど変わらないだろう）。しかも、このオリエンタリズムは東欧人にも波及する。「ロシア、ウクライナ、ポーランド人などの東欧諸国から西欧に移住してきた人々が、ウクライナブームに便乗して自分たちを古い「ウクライナ人」と呼ぶようになったのだ」。

こうして、偽ウクライナ人たちが出現する一方、当のウクライナ人自身は国家をもてずに、他の民族のあいだで散り散りになっていた。大きな民族がまるごと放浪状態に置かれる——その不幸はユダヤ人ロートの運命そのものである。ロートは「まれびと」としてウクライナを訪問したのではなく、いわばよそ者のふりをして故郷をきめ細やかに観察したのであり、そのことが情感豊かな文体へとつながっていた。

特に、生まれ故郷に近いリヴィウ（当時はポーランド領）のレポートでは、悟性と感性が高度に融合している。ポーランドとロシアの長年にわたる戦争のなか、リヴィウは後方基地として戦禍の余波を蒙ってきた。ロートはリヴィウで目撃した戦争負傷者の列についてレポートしている。「人間を人間たらしめる特徴が吹き飛ばされた」ポーランド人負傷者たちの無惨な姿は「恐ろしくもなまめかしい光景」を出現させる――このモラルを超えた光景は、その後の第二次大戦を予告するものでもあるだろう。

しかし、激しい暴力の通過点であったにもかかわらず、リヴィウはその優雅で軽やかな表情を失うことがなかった。「リヴィウの豊かな色彩は、早朝目覚めたばかりの半覚半睡のような状態。いわば若々しい多彩さなのである」。ブダペストのような「押しつけがましい派手さ」をもたないリヴィウの通りは、ロシア語、ポーランド語、ルーマニア語、イディッシュ語等の行き交う「大きな世界の小さな縮図」の様相を呈する。ロートにとって、このような多元性こそが「都市」の証明であった。

都市の特徴について書く、というのは思い上がった行為だ。都市にはたくさんの表情やムードが、あまたの方向性が、さまざまな目的がある。暗い秘密も、明るい秘密もある。都市は多くを隠し、多くを明らかにし、それ自体が一つの統一体であり、同時に多様性の宝庫でもある。どのジャーナリストよりも、どの人間よりも、組織よりも、国家よりも長生きする。さまざまな民族がやってきては去っていく。彼らがいるからこそ、都市は存在でき、そのときどきの支配者が使う言葉が都市の言語となる。都市の誕生と成長と死をつかさどる法則は数限りない。それらを分類することも、規則性を見いだすことも不可能だ。例外的な法則ばかりなのである。

この簡潔明瞭でありながら、複雑なニュアンスに富んだレポートは、ロートという作家自身が「都市」であることを物語っている。ロートは出生を隠しつつ、誰よりも機敏にロシアやウクライナ諸都市の状況を明らかにし、ユダヤ人という秘密をもちながら、ウクライナ人やポーランド人の生活風景をつぶさに報告した。彼にとって、ジャーナリズムも小説も、都市のディテールに隠された「例外的な法則」を発見する手段であった。

ここで重要なのは、リヴィウが国境の一都市であるとともに、多民族的なオーストリア＝ハンガリー二重帝国のマージン（周縁／余白）でもあったことである。「リヴィウは境界が曖昧になった都市なのである。旧帝国の東の果て。リヴィウを越えればそこはもうロシア、もう一つ別の世界が始まる」。ロシアと踵を接しながら、民族的・言語的な多様性を保ってきたリヴィウは、まさに帝国の縮図であった。オーストリア＝ハンガリー二重帝国そのものは1918年に解体されたが、その帝国の記憶はリヴィウという辺境の都市に継承され、そのありさまがロートの文体に鮮やかに転写されていくのである。

＊

アンドレ・ジッドがソ連に「投影」された西側の知識人の夢想を解体したとすれば、ヨーゼフ・ロートは逆に、アメリカにもオーストリア帝国にも似たロシアおよびウクライナの諸相を自らに引き写そうとする——そのふるまいはジャーナリスティックな観察眼に加えて、彼の都市的な俊敏さに裏打ちされていた。本書はウェルズやジッドのような巨匠のルポルタージュにも決してひけをとらない。それどころか、彼らの見落とした風景のディテールが、そこには豊かに息づいていた。

私はここで、アドルノ&ホルクハイマーの『啓蒙の弁証法』に従って、プロジェクション（投影）とミメーシス（模倣）を区別したい。虚偽のプロジェクションが「自己に環境を似せる」ことであるのに対して、ミメーシスは「自己を環境に似せる」ことである。前者は内なる矛盾を外のスクリーンに移しかえ、身近なものに敵の烙印を押す。逆に、後者においては、外の環境が内に入り込み、疎遠なものが身近なものへと変わる。アドルノらの考えでは、現代世界ではプロジェクションが加速する反面、ミメーシスは委縮しており、それが政治的な危機を増大させたのである。

もとより、環境を自己の認識に染め上げるプロジェクションの作用は、しばしば攻撃性へと転化する。20世紀の人間たちは、共産主義や反ユダヤ主義のようなイデオロギーの影絵に翻弄されてきた。アドルノらが言うように、資本主義のもたらす矛盾や苦しみがユダヤ人というスクリーンに「投影」されたとき、それは恐るべき反ユダヤ主義となって現れる。前章で言及したユダヤ系の作家クリスチャン・ボルタンスキーの作品では、小さなおもちゃや人形が巨大な怪物の影絵となってゆらめくが、そこに反ユダヤ主義の童話的再現を認めることも、あながち不可能ではないだろう。

逆に、ユダヤ人のロートは、まさに「自己を環境に似せる」ミメーシスの能力に富んでいた。ヴォルガ川で地平線の息吹きを浴びながら「広大な大地を目の前にしたとき、人は己の小ささを知るが、同時に慰められもするのである」と記すとき、あるいはウクライナの農村を見て「世界は光に満たされ、青い空は遥か彼方で銀色に変わり、まるで地球全体を包み込むかのよう。すべてが澄んでいて、秘密も、曖昧な色も、心配事もありません」と形容するとき、ロートは自らに宇宙的な安らぎを引き込んでいる。ロートの紀行文は、疎遠なものを身近なものに変える、その文学的なデモンストレーションなのである。

思えば、オーストリア＝ハンガリー二重帝国への挽歌と呼ぶべきロートの代表作『ラデツキー行進曲』には、皇帝フランツ・ヨーゼフ一世がロシアとの国境の村を視察し、夜半に「こおろぎ」の声に耳をすませる忘れがたい場面がある。[※1] 偉大な帝国の君主を、虫の密かな音に対応づけること――それはまさに、コスモポリタンの夢を見ながら各地を旅し、ついにホテルで客死した放浪作家ロートならではの想像力と言えるだろう。ロートの宇宙は、こおろぎのようにささやかである。しかし、彼のミメーシスの文学は、たえず状況に翻弄され続ける21世紀のわれわれにも、知恵と慰めを与えてくれるに違いない。

※1 「フランツ・ヨーゼフ一世は痩躯の老人で、開いた窓辺に立ち、いつなんどき彼の警護の者たちに不意をつかれるかもしれないと恐れていたのだ。こおろぎが鳴いていた。その歌声は夜のように果てしなく、皇帝の心の中に星々と同様に畏敬の念を呼び覚ました。ときどき皇帝には、星々そのものが歌っているような気がした」（『ラデツキー行進曲』第15章、平田達治訳）。
なお、ブルガリア生まれの政治学者イワン・クラステフは『アフター・ヨーロッパ』の冒頭で、ヨーゼフ・ロートに言及しつつ、ブレクジットに象徴されるEUの危機を、一世紀前のハプスブルク帝国（オーストリア＝ハンガリー二重帝国）の解体と重ねている。諸国家の共生するヨーロッパというプロジェクトが再び危機を迎える一方、ウクライナが戦場と化した今、ロート再発見の機は熟しているように思える。

実証主義は必要だが十分ではない

スティーブン・ピンカー『21世紀の啓蒙』評

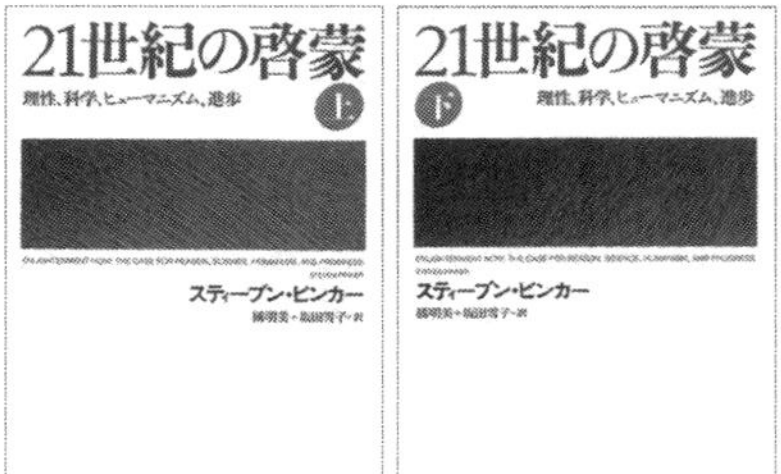

スティーブン・ピンカー
『21世紀の啓蒙 理性、科学、ヒューマニズム、進歩（上下）』
（橘明美他訳／草思社／2019年）

われわれは過去の人類がうらやむような繁栄の時代を生きている――仮にそう考えてみよう。今や人類はコンピュータやインターネットのような夢の技術を手に入れ、世界戦争も70年以上起こっていない。医療は進歩し、寿命も延び、安全で快適な生がある程度まで実現された。少数者の生き方や価値観もかつてなく尊重され始めている。だとすれば、人類は正しく進歩し、世界は良い方向に進んでいるのではないか。

しかし、それとは逆に、人類が誤った方向に転落しつつあるという観測も根強くある。哲学者のスラヴォイ・ジジェクが近著の*Heaven in Disorder*（邦訳『分断された天』）で言うように、とんでもない不平等、気象災害、絶望的状態の難民、新冷戦への高まる緊張はまさしく《天下大乱》――というより天そのものの秩序が狂い始めているという印象すら与える。劉慈欣の『三体』がこのカオスの時代にふさわしい寓話的ＳＦであったことは、すでに述べたとおりである。

では、結局のところ、世界は良くなっているのか、悪くなっているのか？　それとも、われわれの認識は、このような二者択一の問いを前に立ち往生せざるを得ないほどに混乱を極めているのだろうか――ちょうど順行する時間と逆行する時間を派手にクラッシュさせたクリストファー・ノーラン監督の空想特撮映画『ＴＥＮＥＴ』のように。進歩しつつ退歩し、好転しつつつ暗転するというパラドックスが、21世紀の主要な教義（tenet）になったようにも思える……。

しかし、この混迷を一刀両断するように、1954年生まれの著名な言語学者スティーブン・ピンカー（マイケル・サンデルと同世代であり、両者ともユダヤ系である）は、断固として「進歩」派の側に立った。本書『21世紀の啓蒙』の主張をいくつか抜き書きしてみよう。

・平均寿命は世界的に延び、しかも老後も健康でいられる期間が増えた。乳幼児の死亡率も妊婦の死亡率も激減した。天然痘のような人類を脅かす疫病も撲滅され、ワクチンのおかげで感染症の脅威も軽減している。
・農業分野でのイノヴェーションは、食糧事情を改善した。世界の急激な人口増加にもかかわらず、飢餓率は低下している。
・世界全体で富は増え、貧困は減少した。グローバル化は極度の貧困状態を激減させ、より良い暮らしを実現した。不平等（大きな所得格差）があるのは確かだが、全体としてパイは増えている。富は幸福と相関するので、世界的には幸福度も上がっている。アメリカのように幸福度が伸び悩んでいる国もあるが、それは統計的には外れ値である。
・世界は平和で安全になり、人類の暴力性は抑えられている。多くの内戦が終わり、戦死者も減少した。かつて啓蒙主義者が言ったように、商業的交流（貿易）が戦争を起こす動機を失わせたのである。その一方、核兵器は抑止力にもならず、暴発のリスクもあるので、一刻も早く廃絶されることが望ましい。

ピンカーは終始一貫して楽観的な調子で、次々と実証的なデータを繰り出し、世界が着実に良くなっていると主張する。彼によれば、短期的には浮き沈みがあったとしても、長期的には科学技術とヒューマニズム的な共感の力によって、人類は生の苦痛と暴力を減らすことに成功してきた。それは何よりも「啓蒙」のなせる業である。「信仰、ドグマ、啓示、権威、カリスマ、神秘主義、占い、幻影、第六感、聖典解釈といった妄想の源」ではなく、あくまで「理性」に照らして世界を理解しようとした啓蒙の精神なしには、このような進歩はあり得なかった。この理性の歩みを止めてはならない。進歩と繁栄を裏づけるデータを並べた後、ピンカーは「わたしたち人類には常に進歩を継続しようと努力する余地が、というよりむしろ責務がある」と強調するのである。

＊

こうして、ピンカーはこれでもかと言わんばかりに明るいデータを示し、人類の進歩を「実証」しようとする一方、その根源にある啓蒙主義が脅威にさらされているとも見なす。その原因は主に部族主義とポピュリズムにある。

部族主義は左右問わず存在する。なぜなら、人間はある意見が客観的に正しいかどうかよりも、所属するグループ内でその意見がどのように評価されるかを気にかけるからである。うっかりそのグループに否定的な印象を与えれば、周囲から糾弾され、キャリアを棒にふりかねない。そうすると、グループ内の発言が画一化し、党派性が強くなるのは必然である。それは知識人のサークルでも変わらない。ピンカーは大学で左傾化が進み、政治的な多様性が失われつつあるとして警鐘を鳴らしている。

この部族主義的な偏向は、政治に深刻な影響を及ぼしている。ピンカーによれば、もともとアメリカの共和党と民主党はイデオロギー的に対立していたとしても、歩み寄る姿勢を示していた。しかし、今や両者はお互いを見下しあうばかりで、二極化が鮮明になっている。その分断を背景にして大統領となったドナルド・トランプは、事実に反するでたらめな主張を続けて、仲間の部族から喝采を浴びた。このポピュリズムの台頭に対して、ピンカーは左右の党派性に汚染されることのない、合理性に根ざした議論の必要を訴えるのである。

ここでピンカーは、本書で扱ってきた同世代のアメリカの思想家と似たことを言っている。部族主義とポピュリズムを超え、偏向に歯止めをかけるために、フクヤマ、サンデル、ピンカーはいずれもそのゲームの上位にある公共的な土台を再設定しようとした。ただ、フクヤマのように古代ギリシアの節度の美徳を呼び出したり、サンデルのように共通善に訴えたりするのは、空手形の印象を拭えない。彼らに比べれば、科学的な実証主義を掲げて「未成年状態を脱する」（カント）ことを目指すピンカーの啓蒙路線のほうが、多少なりともスマートに映るのは確かだろう。

さらに、ピンカーがニーチェを筆頭に、それ以降のドイツのフランクフルト学派やフランス現代思想の面々をこき下ろしているのも、気持ちはある程度理解できる。現に、20世紀の人文系の学者が、しばしば実りのない科学批判を繰り返して自己満足してきたことは否めない。私の経験した範囲でも、特に哲学研究者のなかには、科学技術を頭から見下してはばからない学者がいる——むろん、彼らも自分が病気になれば医学の世話になるだろうが。ピンカーの本は、このような狭量な部族主義に冷や水を浴びせる効果はあるだろう。哲学者はむしろ、文系と理系という「二つの文化」を橋渡しするエージェントであるべきである。

ただ、ピンカーの議論にも哲学者を批判しようとするあまり、不要な力みがある。そもそも、科学的な実証主義やヒューマニズム的な共感だけで、啓蒙は成就するだろうか。つまり、ひとびとの無知蒙昧を解消し、カントの言う「未成年状態」から脱するのに、啓蒙vs野蛮というさっぱりした二分法でうまくいくだろうか。それに、ピンカーのようにデータに基づく実証主義を揺るぎない「後見人」に据えるのは、それ自体が新しい「未成年状態」を——専門家に盲従して思考停止に陥った独断的な人間たちを——生み出さないだろうか。

私の考えでは、実証主義は必要だとしても、それだけでは啓蒙には十分ではない。そもそも、精神と社会の働きはピンカーが想像する以上に多様であり、その働きがしばしば、人間を拘束するさまざまな罠をも作り出してしまう。ピンカーには、思考の望ましいあり方を健康な実証主義へと一元化するきらいがある。だが、それだけでわれわれを縛りつける条件を操作することはできない。

例えば、一般には反啓蒙主義的なポストモダン哲学者と見なされ、それゆえ本書でも名指しで批判されているジャック・デリダは、むしろ自らの脱構築の試みを啓蒙の伝統と結びつけている（ハーバーマスとの共著『テロルの時代と哲学の使命』参照）。もしデリダの脱構築が思考をその構造的な「罠」から逃れさせる操作的な手法なのだとしたら、それは確かに啓蒙のプロジェクトを改変しつつ引き継ぐもの、いわば啓蒙の拡張である。むろん、ピンカーに言わせれば、デリダの哲学はせいぜい邪道の啓蒙にすぎないだろう。しかし、科学とヒューマニズムという王道だけでは、人間は未成年状態から脱出できそうにないからこそ、脱構築という手の込んだ戦略が出てきたのだ。われわれはむしろそこに「21世紀の啓蒙」の課題を認めるべきではないか。

＊

もとより、ピンカーが言うように、将来を悲観するあまりに思考を麻痺させたり、そのせいで極論に流れたりするのは良くない。かといって、専門家の「ご託宣」を唯々諾々と受け入れるのは、それ自体が反啓蒙主義的なロボット化である。データをもとに妄想や俗信を批判することは、必要だが十分ではない。ヒューマニズムによって野蛮を抑制することも、必要だが十分ではない。なぜなら、過去のデータが裏切られることは珍しくなく（ここ数年の世界的事件に限っても、2019年末以降のコロナウイルスのパンデミック、2020年の香港国家安全法施行、2022年のウクライナ戦争を予見した専門家はほとんどいない）、ヒューマニズムの名のもとに、残虐行為がなされることもありふれているからである。

さらに、気候変動が人類の進歩を大きく妨げるリスクを孕んでいることも確かである。明るい楽観論者としてふるまうピンカーですら、気候変動については「間違いなく憂慮すべき事態にある」と明言している。彼は一時しのぎの方策として気候工学のアイディア（成層圏にナノ粒子をまいて地上の温度を下げるSF的な技術）も紹介するが、それが抜本的な解決にならないのは明らかだろう。過去のデータからは予想できない出来事は、今後いくらでも起こり得る。それを事後的に合理化するばかりでは、むしろ科学的とは言えない。

だとすれば、科学的な実証主義の側にも、自らの限界についての内省や吟味が求められるのではないか。この点に関わって、本書で反啓蒙主義者として断罪されている哲学者テオドール・アドルノは、1940年代半ばに書き継がれたエッセイ集『ミニマ・モラリア』で面白いことを述べていた。アドルノによれば「思想が現実に対して距離を置くことはすでに現実そのものが許さないというのが昨今の情勢であるが、その距離をさらに縮めようとするのが実証主義である」（三光長治訳。以下同）。現実から隔たった思想は、当時すでに悪評を蒙っており、実証主義がその風潮の追い風となった。しかし、アドルノはむしろ現実との「隔たり」こそが思想の生命だと見なす。

現実との隔たりは、本来安全地帯ではなく、緊張の場である。隔たりは、必ずしも概念的思考の真理に対する請求権が後退するところに現われるのではなく、むしろ思惟そのものの傷つき易さや脆さに現われるのである。実証主義に対してはいたずらに自説の正しさを主張したり、お上品に構えても仕方がない。むしろ、概念と概念を充足するものの間の一致などとうていあり得ないことを認識批判の見地から証明することこそ、それに対する正当な対し方である。

実証主義者は思想を現実の要約にしようとする——しかし、そうなると、かえって現実を洞察する力が失われてしまう。アドルノによれば「生に対する隔たりがあるからこそ思想の生の成り立つ余地もあるのであり、また逆にそれだけが現実の生に的中するということにもなるのだ」。この含蓄のある言葉は、すぐに「現実」に飛びついてしまう21世紀のわれわれにとっても重要な戒めとなる。あらゆる宗教的信仰を断ち切ろうとする実証主義には「現実信仰」が根を張っており、それはピンカーも例外ではない。ピンカーにとって、データに裏打ちされた現実と一体化することが、思想の役割にほかならない。だが、その場合、言説と現実との不一致があれば、すぐに失望や非難を招くことにもなるだろう。

例えば、つい10年ほど前までは、地球温暖化の犯人は温室効果ガスではないという主張を「実証的」に語る論客がいた。しかし、その主張はピンカーも言うように不正確である。そのピンカーは難民問題について、第二次大戦時に比べればマシという強引な理屈を立てているが、世界の難民数は2010年代を通じて着々と増加しており、国内避難民とあわせると今や8000万人超とされる。[※1]ピンカーはこのような不都合なデータを無視している。こういう具合に、どれだけデータをもとに楽観論を語っても、状況が変わればあっさり修正されてしまうのだ。ピンカーは「短期的には色々変動はあっても、長期的には進歩のつじつまが合って、世界は良くなっていく」という考えだが、それはご都合主義にすぎない。

繰り返せば、科学技術がわれわれに大きな恩恵を与えてきたことは、ピンカーとともに積極的に認めてよいし、客観的なデータによって思い込みを修正することも常に必要である。ただ、本書にせよ、あるいは昨今話題になった公衆衛生学者ハンス・ロスリングらの『FACTFULNESS（ファクトフルネス）』にせよ、ファクトやデータを積み重ねれば現実と一体化できるという信念そのものに、思想への無理解がある。その信念はときに、不愉快な鏡像をも生み出すだろう。現に、実証主義者が馬鹿にする陰謀論者にしたところで、彼らなりにファクトとデータ（とされるもの）を集めて、誰も知らない「現実」を暴露しようとするのであり、その意味で実証主義者の悪しき分身なのである。

要するに、問題は、思想を現実になりかわらせようとする態度そのものにあり、それが実証主義者と陰謀論者の終わらないイタチごっこを生み出している。あるいは、右の保守派と左のリベラル派のあいだの不毛な応酬も、たいていは目の前の特定の「現実」を鬱憤のはけ口とする、部族内での閉ざされたゲームにしかならない。だからこそ「現実との隔たりは、本来安全地帯ではなく、緊張の場である」というアドルノの言葉は、改めて思い出されてよい。現実信仰に全面降伏することなく、隔たりの緊張を保つこと——それが今日の啓蒙に必要な条件なのである。

※1　UNHCR／数字で見る難民情勢（2020年）（https://www.unhcr.org/jp/global_trends_2020）

フローの時代の似顔絵

多和田葉子『地球にちりばめられて』
＋村田沙耶香『信仰』評

村田沙耶香
『信仰』
（文藝春秋／ 2022年）

多和田葉子
『地球にちりばめられて』
（講談社／ 2018年）

多和田葉子の2018年の長編小説『地球にちりばめられて』は、コペンハーゲンの言語学者クヌートがテレビ番組をだらだらとザッピングするうち、「自分の国が消えて」しまった学生のHirukoに触発されて、コンタクトをとるところから始まる。クヌートもHirukoも責任の重圧を背負わないし、忠誠を誓う相手ももたない。彼らには熱っぽい使命感ではなく、どこか無責任な気分があり、それが物語のたえまない「漂流」を促すことになる。

著者の関心は、いかに「日本」という単語を使わず、その存在を希薄化するかに向けられている。Hirukoの故郷は「中国大陸とポリネシアの間に浮かぶ列島」としか呼ばれない。クヌートは日本の存在そのものを知らないし、ゆえにその消失にも無感動である。多和田は日本の目方を軽くし、ほとんど重力を与えずに済ませた。初期の多和田に「無精卵」という短編小説があるが、本作では日本そのものが無名の無精卵のように処理されたと言える。

そもそも、Hirukoとは蛭子、つまりイザナギとイザナミの最初の子どもで、海の彼方に流された不遇の神の名前である。私は多和田の小説を読んでいると、ときおり生ないし生殖に対する暗黙の拒絶を感じるときがあるが（これは後述する村田沙耶香にもある程度当てはまる）、それはHirukoという命名にもあらわれている。その拒絶は本書では国家にも向けられた。

国がなくなったなんて言うとなんだか「国粋悲劇」みたいに聞こえるけれど、そうではなくて、実は自分の好きだった山が削られたことがくやしい。国なんかどうでもいい。山を尊敬しない政治家は許せない！／そのへんでＨｉｒｕｋｏの声が興奮のあまり高くなったので、他のテーブルで食事していた客たちが怪訝《けげん》な顔でこちらを見た。

私がこのくだりから連想したのは、太宰治の『斜陽』である。その主人公のかず子は敗戦直後に「本当に、いま思い出してみても、さまざまの事があったような気がしながら、やはり、何も無かったと同じ様な気もする。私は、戦争の追憶は語るのも、聞くのも、いやだ。人がたくさん死んだのに、それでも陳腐で退屈だ」と悪びれずに言い放つ。戦争の記憶も生々しい1947年の小説でこう断言することは、相応の覚悟が要っただろう。この時期に戦争を「つまらない」とかず子に言い切らせた太宰は、やはり並大抵ではない（ついでに言えば、今般のウクライナ戦争もあれこれ思想的に深読みはできるが、その根元に、プーチンという「陳腐で退屈」で「つまらない」政治家がいるという一点は逃せないだろう）。

Ｈｉｒｕｋｏも一見すると、かず子と似ている。日本が消滅したのならば、恐らく大勢の日本人が道連れになっただろうが、そんなことはＨｉｒｕｋｏをはじめ誰も気にしない。もともと無の日本が本当の無になっただけなのだから、騒ぐほどのことはないのだ。国がなくなったからといって、それがどうしたというんでしょう、でも山を削ることだけは許せません――ここにHirukoの妙な「興奮」のポイントがある。ただし、かず子がシングルマザーとして生き延びることを積極的に選択するのに対して、Hirukoはあくまでノンシャランであり、エコロジストになるわけでもない。

いちおうHirukoはクヌートとともに「同じ母語を話す人間を探す」という目標を共有しているが、これは物語を進める口実だろう。彼らは強い動機をもたないまま、なりゆきで旅を続けているようにも見える。それでも、言語——より限定して言えば言語の変異——については、関心の電圧が相対的に高い。「わたしたちはいつまでも移動し続ける。だから、通り過ぎる風景がすべて混ざり合った風のような言葉を話す。／「ピジン」という言い方もあるが、「ピジン」は「ビジネス」と結びついているので、わたしの場合は当てはまらない。売るべき品は何も持たない。わたしの扱っているのは言葉だけだ」。

こうして、日本列島がすっきり消失する一方、残った一部の日本語は変異にさらされている。Hirukoたちのヨーロッパ北方の旅は、いわば奇妙な《日本語の変異株》を確認するプロセスとなる（本書に限らず、新型コロナウイルスのパンデミックが起こる前から、ウイルス的存在への同一化のムードがあったことは注意してよい）。しかも、この言語的変異株は、宿主のヨーロッパを脅かすこともない無害で風変わりな標本にすぎない。

＊

多和田葉子の1990年代半ばの代表作『ゴットハルト鉄道』の語り手は「ゴットハルト」という一つの単語にバチッと感電して、そこからとめどなく妄想を膨らませてゆく。執拗にからみつく言葉に惑溺するなか「外に出なさい」というささやき声をも響かせたところに、この小説の独創性があった。言語中毒者を言葉によって解毒する——この悪循環的な迷宮性には、平成文学の重要な特徴が濃縮されてもいる。

逆に、そのおよそ20年後の『地球にちりばめられて』では、一つひとつの言葉の電力はかなり控えめである。一つの単語に執念深くまといつくことを、今の著者はむしろ避けている——というより、「ゴットハルト」のような特別な電源はもはやあてにできないのだ。ゆえに、日本列島に後見されない日本語を、ありあわせでもいいから何とかひねり出し、小さな火力を備えた言葉の薪に仕立ててゆくことが、『地球にちりばめられて』およびその続編『星に仄めかされて』のモチーフになったと言えるだろう。

とはいえ、その試みも簡単ではない。多和田はデリート・キーを押すように日本を抹消したが、それは文体的な代償を伴っている。少なくとも、『日本語が亡びるとき』や『本格小説』を書いた水村美苗ならば、本書のようなあっさりした処理で「日本」をキャンセルすることはないだろう。水村は日本語についてのイデアリスティックな像を抱いており、それが彼女の端正にしてきめの細かい文体を支えている。たとえアナクロニズムであったとしても、丹念に彫琢されてきた文学の言葉の伝統がなければ、思想や感情の繊細なディテールは写像できないという「信」が水村にはあった。

逆に、本書のピジン語（らしきもの）はありあわせであり、任意性にさらされている。そもそも、Ｈｉｒｕｋｏお手製の即興言語〈パンスカ〉（汎スカンジナビア言語）がどういうものか、具体的な説明は乏しい――これは本書の難点だろう。「言葉が記憶の細かい襞《ひだ》に沿って流れ、小さな光るものを一つも見落とさずに拾いながら、とんでもない遠くまで連れて行ってくれる」パンスカは「母語なんかよりずっと優れた乗り物だ」と書かれてはいるけれども、仮にこの即興言語にそれほどの性能があるならば、母語を探す旅はますます必然性を失うのではないか。

多和田のファンの読み方とは違うだろうが、私は本書にうっすらとしたニヒリズムを感じた。そこでは、言葉も含めて何ものも「信」の核にならず、国を喪失した痛みも生じない（不在の日本を懐かしんだり、復興したりすることは、本書では保守反動として扱われる）。だが、多和田は虚無を軽やかに生き抜くスタイリストでもない。北欧を横滑りしながら、小説の電源となる言葉に出会おうとするパトス（情熱＝受苦）は、物語の奥に染み込んでいる。ただし、そのパトスは火柱となって燃え上がることなく（あるいは初期の多和田好みのモチーフで言えば、主人公を「転落」させることもなく）、地球というサーキットに「ちりばめられて」ゆくのである。

＊

以上の多和田的な漂流と鮮やかなコントラストをなしているのが、村田沙耶香の最近の短編小説『信仰』である。「子供のころから、「現実」こそが自分たちを幸せにする真実の世界だと思っていた」語り手の私は、商品を買おうとする友人に「原価いくら?」と問い続けて、白けさせるタイプであったが、あるとき浄水器を高額で売りつけるカルトの誘いを受ける。そのカルトがやがて旧知の女性を「教祖」とする「天動説セラピー」に発展したとき、「現実」を絶対的に信仰していた私は、ついに転向を決意する。

私はその目をうっとりと輝かせている人たちを、ずっと「現実」へと勧誘していた。ほとんどそれだけが、私の人生の全てだった。私の「信仰」に、うんざりとした顔をし、時には心から怒り、全ての人が離れていった。私こそが「目覚める」べきなのではないか。斉川さんなら私をみんなの世界へ「連れて行って」くれるのではないか。

だが「私」は教祖のセミナーに参加するものの、他の参加者とは違って、現実への信仰を手放せない。異なる「信仰」の生み出す狂乱のクライマックスに、読者は思わず吹き出さずにはいられないだろう。村田はすでに『コンビニ人間』でコンビニという教会を信仰する女性を描いていたが、本書では同じテーマが「現実信仰」へとスライドしたのだ。

『信仰』では「夢」といってもせいぜいカルト商法にすぎず、それに反する「現実」のほうも

「原価いくら?」という条件反射的な突っ込みでしかない。「お前には夢がない、夢を見ろ」という陳腐なお説教と「お前は現実を見ていない、現実を見ろ」という退屈なお説教を、文字通りインチキ教祖の「説教」を核にまとめてしまうあたり、頓智が利いていて面白い。夢も現実も今やお粗末さんだが、それでもそれらを一心不乱に「信仰」せずにはいられない——このような状況を突き放しつつ付き合うやり方には、職人芸的なうまさがある。みみっちい状況を誰よりも面白おかしく描ける才能が、村田の本領であり、それが『信仰』では遺憾なく発揮されていた。

思えば、チープな信仰に吸い寄せられる精神的風土は、パンデミックでいっそう目立つようになったのではないか。ひとは病気になると、ふだんなら見向きもしない怪しげな療法や薬にあっさり騙され、必死に救いを求めようとする。社会を慢性的に発熱させるパンデミックともなれば、擬似宗教のウイルスは集団全体に蔓延してゆく——最近では「メタバース」がそうであるように。信仰に感染しやすくなった2020年代の社会が、本書ではコミカルな風刺画として一筆書きされたのである。

『地球にちりばめられて』からは多和田葉子の苦闘がうかがえるのに対して、『信仰』からはノリノリの村田沙耶香の姿が浮かんでくる。とはいえ、この二つの小説の「根」は、見た目ほど違っているわけではない。村田は現代人が自ら進んで騙されたがっているさまを巧みに戯画化し、お祭り騒ぎを模倣した。かたや、この空騒ぎの日本を物語の始まる前に沈めてしまったのが『地球にちりばめられて』だが、そうなると言葉の電力を確保するのは容易ではない。日本が強固に信じられていれば、それを打ち消す動機も生まれるが、最初から無に等しい日本がどうなろうと、それはエネルギーには変換されないのだ。

要するに、両者ともに、世界への「信」を押し流してしまう「フロー」（ボリス・グロイス）の時代の似顔絵を描いたと言えるだろう。村田はその流れの断面を切り出して、一筆書きの軽妙な「ポンチ絵」に仕上げ、多和田は流れそのものを長い絵巻物に写像しようとする。そこからは、信仰が漫画になり、言葉が漂流する時代に、手応えのある表現上のリアリティをいかに確保できるかという問いが浮かんでくる。言うまでもなく、その課題は小説だけのものではない。

新しい老年のモデル

デイヴィッド・ホックニー＆
マーティン・ゲイフォード
『春はまた巡る』評

デイヴィッド・ホックニー＆マーティン・ゲイフォード
『春はまた巡る 芸術と人生とこれからを語る』
（藤村奈緒美訳／青幻舎／2022年）

私はパンデミック以降すっかり美術館から足が遠のいてしまったが、それでもピーター・ドイグ、ダミアン・ハースト、ゲルハルト・リヒターを日本で見られたのは有難かった（展示のあり方については解せないことも多いが……）。こうなると次はデイヴィッド・ホックニーを見たくなるが、まだその機会はなさそうだ。本書『春はまた巡る』はそのかなわぬ望みを少しだけ満たしてくれる本である。

１９３７年にイギリスに生まれたホックニーは、近年はフランスのノルマンディーの農地に仕事場を構え、iPadを用いたデジタル・ドローイングにも取り組んできた。60年以上に渡って絵画と絵画史をむさぼるように研究し尽くしてきたアーティストらしく、その探究心は新しいテクノロジーと穏やかな田園風景のあいだでいっそう活気づいている。本書に収められた最新の絵のみずみずしさは、読者を驚かさずにはいないだろう。

ノルマンディーを「天国」と呼ぶホックニーは、周囲の環境ときわめて親密な関係を築きつつ、その自身のありさまをも俯瞰的に観察している。特に、アトリエで数々の自作に囲まれたホックニー本人を描いた《アトリエにて、２０１７年12月》は、強い印象を与える。ギュスターヴ・クールベの《画家のアトリエ》を念頭に置いたこの自伝的作品は、絵画の内側にいながら（＝画家は絵画たちと誰よりも親密な場所にいる）、外側にもいる（＝画家は一つ一つの絵画を見る観客のまなざしにおいて風景の一部と化す）という画家のパラドックスを体現しているように思える。アトリエとは画家をその主人に据えながら、同時に画家を消去する場でもあるのだ。

この屋内のアトリエは、ノルマンディーの自然豊かな景観へと接続される。面白いことに、庭のように親しみやすい景観を画家に媒介しているのが、持ち運び可能なiPadである。かつて印象派の画家たちが、改良された画架や絵の具によって長時間の戸外制作を実現したように、今のホックニーも常にiPadを携帯して、庭や水たまりのありふれた自然の一コマを機敏に切り取っている。しかも、iPadのドローイングはたんに自然のスピーディな捕捉を可能にしただけではなく、絵画の複製というテーマにも新たな論点を付け加えた。ホックニーは美術評論家のマーティン・ゲイフォード（ホックニーとの共著『絵画の歴史』があり、最近ではアントニー・ゴームリーとの刺激的な対談『彫刻の歴史』も刊行している）を相手にこう語っている。

今はふつうの絵画を描いているが、iPadのドローイングをやめるつもりはないよ、レイヤーを重ねていけばすばらしい質感が出せるからね。私たちは今、ドローイングはとても大きなサイズでプリントアウトすべきだと考えているんだ。静物画は別だが。池に降る雨の絵を大きなサイズでプリントアウトすれば、徴《しるし》が全部見えるからだ。そして、すべては徴をつけること、そうじゃないかい？

実際、iPadのドローイングについて、その真正なサイズを決めるのは困難である。デジタル技術がサイズの可変性を解き放ったとき、一つの絵画は複数の可能な大きさに取り巻かれることになる。小さな液晶画面のイメージはどれぐらいのサイズで印刷されるべきなのか？――この量的な問題はただちに質的な問題（「徴」がどれくらいの精細度で再現されるべきか？）へと転化するだろう。ホックニーは「1キロの緑は0．5キロの緑よりも緑である」というセザンヌの言葉を好んで引用するが、このスケールの問題は確かにデジタル・ドローイングにおいて再来したと言えそうだ（なお、iPad絵画を多数収めたホックニーの最新の画集は、紙への印刷に伴う劣化をほとんど感じさせず、部分的にダウンロードも可能である――ここには事実上の「本物」が無数にコピーされるという絵画史上の新しい事態が生じているのではないか）。

ともあれ、ホックニーの試みは、サイズ、質感、遠近法といったイメージの処理への問いを含んでいる。彼はピーテル・ブリューゲルの《バベルの塔》や《子供の遊戯》、さらにレンブラントの素描等のサイズを拡大し、その細かい手わざ――作品を固有化する「徴」――を再発見してきた。ホックニーにとって「徴」はもっぱら「手」と結びつく痕跡であり、それは最先端のデジタル・ドローイングでも変わらない。もとより、iPadは写真と絵画、撮影と加工をシームレスにつなぐメディアだが、ホックニーはそのドローイングにも一貫して「手」の痕跡を与えてきた。「デジタル・アートの多くは手を否定している。手のつけた跡を隠してしまう。でも、私たちはそうした手跡が好きなんだね〔…〕私は画像作りから手がなくなると思ったことは一度もない」（『絵画の歴史 洞窟壁画からiPadまで』木下哲夫訳）。こう断言するホックニーは「人間の真の条件は手で考えることだ」（ジャン＝リュック・ゴダール監督『イメージの本』）という信念とも近いところにいる。

＊

こうして、ノルマンディーのホックニーはデジタルな絵画にも「徴」を張り巡らせる一方、その画題についてはむしろ月並みなものを選んでいる。例えば、雨の跳ね返り、水面の波紋、窓から見える月明かり、庭に立つ樹木――たったそれだけの事物が、彼の「手」にかかると慎ましやかな奇跡のように思えてくる。絵画的な徴が、どこの道端にも見られるありふれた出来事から引き出されているのだ。

ちょっと突飛なようだが、私がここで連想するのは谷崎潤一郎の『細雪』である。かつて小林秀雄は『細雪』について「極く当り前な美の形ばかりが意識して丹念に集められ、慎重に忍耐強く構成された作は「細雪」が、初めてであろうと思われる」（「年齢」『小林秀雄全作品』第18巻所収）と評したことがある。小林が言うように、『細雪』のディテールは平凡で「月並み」だが（魚と言えば鯛、花と言えば桜というように）、それゆえに読者は疑念や不安を抱くことなく、そのすべてを「安心し切った気持ち」で受け入れる。『細雪』には月並みな美のもつ「尋常な魅力」が充溢していた。
谷崎の『細雪』の示す平凡なものの非凡さは、今のホックニーの絵にも認められる。そこには高度な絵画技法が駆使されているが、われわれはそれをわざとらしい作り物とは見ないだろう。誰もが知っている「当り前の美」が、ホックニーの「手」によって明朗かつ持続的な生の形を与えられる。しかも、『細雪』を書いた時期の谷崎よりも遥かに年上の、今や80歳を超えた老人が自然の「万物流転」のさまを切り取って、鮮やかなイメージに変換し続けているのだ（ちなみに、本書には鴨長明や葛飾北斎への言及もある）。

しかも、その際に、ホックニーはカンヴァスの形状にも大胆に働きかけ、絵画＝窓というモデルを分割する。ロシアの異形の思想家パーヴェル・フロレンスキイの「逆遠近法」の理論にも触発されつつ、ホックニーの近作はしばしば四角形のフレームワークからの脱却を試みている。例えば、六枚の変形カンヴァスを用いた《ホッベマによるオランダの背の高い木（有用な知識）》は、カンヴァスの角を切り落とすことによって、観客を絵に引き込む効果を生んでいた。こうして、ホックニーの絵画は、古くて新しい技術を（まさに春が巡るように）たえず訪れさせる、一種のメタメディアのような様相を呈する。

＊

それにしても、デイヴィッド・ホックニーにせよゲルハルト・リヒターにせよ、今のウルトラ老人たちの仕事の充実ぶりには驚かざるを得ない。老年期のイメージを解体する彼らの旺盛な仕事は「思想と年齢」（アラン）というテーマを改めて浮上させるのではないか。

私の印象では、今では青年期から老年期の手前までが、ひと続きのシリーズになっているように思える。現に、中年になっても精神的に幼く、青年のような鬱屈や不平不満をためこんでいるケースも多いし、逆に若いうちから青年期のような反抗精神をもたず、ずっと順応的に生きているケースもある。外部がどれだけ騒々しい《天下大乱》の様相を呈していようとも、内部は（いわばシリーズものの長編ドラマのように）あいまいに連続する――それが現代人の心的生活の典型ではないか。そう考えると、人生の綴り方に質的なジャンプの機会が訪れるとしたら、それは老年期だけかもしれない。

そもそも、年齢についてどう思考すればよいだろうか。例えば、ヘーゲルは主体と客体（世界）の「関係」からアプローチした。ヘーゲルによれば、青年期においては、不完全な主体と不完全な客体が対立している。大人になると、主体はそのような葛藤から一歩進んで、できあがった客体の必然性を承認するようになる。そして老年期になると、主体は完成した客体と一体化し、自己を完成に導くのである。[※1] 同じように、ゲーテは「老年とは現象からの段階的な退去である」と述べたが、このゲーテ的老年も外界の刺激に揺り動かされることはない（ゲオルク・ジンメル『レンブラント』参照）。ヘーゲルにとってもゲーテにとっても、老年期の主体はもはや客体（世界）にくすぐられることのない静謐のなかに生きている。

ノルマンディーの景観を「天国」と感じるホックニーは、ついにヘーゲル＝ゲーテ的な「老年」の境地にたどり着いたのだろうか。否、それにしては、その画像はあまりにも生気に溢れている。ホックニーはあくまでイメージの発明者・実験者であり、ものを見る行為をたえず生まれ変わらせるためにテストを繰り返し、「月並み」な事物まで活気づかせている。「画像はどれも、目で見たものの説明だ」（『絵画の歴史』）。ホックニーによる「説明」は、デジタル絵画においていっそう鮮明で手の込んだものになっている。

ヘーゲル的な老年期とは、完成した主体が完成した客体と一致することを指していた。しかし、ホックニーという老アーティストにおいては、主体（画家）が客体（自然）と最も親密になったとき、その両者はかえって進行中の未完成な作品として描き直される。そこにはヘーゲル的な青年のような不全感はないが、かといってゲーテ的な老年のような「現象からの退去」もない。そこではむしろ現象が爆発している。とすれば、絵画のイメージの内にいながら外にもいるアトリエのホックニーは、新しい老年のモデルを示しているのではないか。

もとより、われわれの人生は青年から老年へとリニアに進行するだけではない。われわれには、不確定でとげとげしい世界のなかでも、ふっと月並みなものと親和する瞬間があるに違いない。それはいわば、いつ終わるとも知れない青年期のなかに、明るい老成が呼び込まれる瞬間でもある。してみれば、事実として老人であるかは、実はどうでもよい。穏やかで明朗な表情をたたえたホックニーの絵画が与えるのは、別の年齢、つまり別の心的生活へと乗り移るチャンスなのである。

※1　年齢や世代にまつわる哲学や社会思想は、まだ十分に練り上げられていない。例えば、オイディプスの「父殺し」が近代のモデルとして語られた時期もあるが（親に追いつけ追い越せ!）、現実には親子ほど年が離れていれば対立も起こりにくい。家庭内でのトラブルは別として、オイディプス・コンプレックスのモデルを社会的な人間関係にまで拡大するのは無理があるだろう。強いて言えば、むしろカインとアベルのような兄弟喧嘩（カイン・コンプレックス）のモデルのほうが、社会の葛藤や対立のパターンとしては優勢なのではないか。たいていの争いは、似たものどうしのあいだで起こるからである。

いずれにせよ、年齢や世代が喚起するのは、人間どうしの「関係」、さらには人間と世界との「関係」というテーマである。年齢（自然過程）をレンズとして関係概念を掘り下げる試みとしては、柄谷行人の古い論考「自然過程論」（『柄谷行人初期論文集』所収）が示唆に富む。さらに、生の不確実性やアイデンティティの多数性を強調するエドガール・モランの『百歳の哲学者が語る人生のこと』が、パンデミック後のフランスでベストセラーになったことも、一つの象徴的なエピソードとして付記しておきたい。

現代のうるおいのないホームレス状況

2022年上半期芥川賞候補作評

鈴木涼美
『ギフテッド』
（文藝春秋／ 2022年）

年森瑛
『N/A』
（文藝春秋／ 2022年）

芥川賞はひとまず新人に与えられる賞であり、その年の最も優れた文学作品を選ぶ賞ではないが、日本ではそれがまるで文学そのものの代名詞のように扱われている。現に、一年に二度の芥川賞および数年に一度の村上春樹の新作が、《日本文学》を輪郭づけるメディア・イベントと化しているのだ。作品よりもイベントのほうが実質的な意味をもつ環境においては、短編小説一つで、新人が一夜にして有名人になってしまう――このような奇観は日本でしか見られないだろう。

そもそも、芥川賞の性格はきわめてあいまいである。芥川賞の設立は1935年だが、それに先立つ昭和初期には、新感覚派とプロレタリア文学が台頭していた。しかし、芥川賞は新感覚派ふうの文体実験やプロレタリア派ふうの政治文学に対しては、だいたい冷淡である。要するに「純文学」ならば何でも受け入れるように見えて、実験的・政治的なものはやんわりと除外する。新人の登竜門でありながら、ベテランや年配の著者に妙に配慮することもある。選考の基準や狙いはあると言えばありそうだし、ないと言えばまったくない……。結局、すべてがあいまいであるために、そこからは文学をめぐるオープンな公共的議論も生じず、それゆえに賞の権威も保持されるのである。芥川賞に弊害や歪みがあるとはたいていの出版人の感じることだろうが、かといって誰も修正しようとは言い出さない。この麻痺的な状況は、どれだけ批判を浴びようとも自民党政権がいつまでもだらだらと続いていることと、よく似ている。

そういうわけで、私は昔から芥川賞には否定的というか無関心である。今回（２０２２年上半期）はたまたま候補作を一式渡されたので読んでみたが、高瀬隼子の受賞作『おいしいごはんが食べられますように』については、なぜこの無内容な（そしてタイトルもひどい）作品が選ばれたのか、理解に苦しむ。ただ、それはそれとして、今回の候補作に母（ないし祖母）と娘の関係を扱ったものが目立つのは気になった。例えば、年森瑛《とりもりあきら》の『Ｎ／Ａ』には次のような一節がある。

祖母の光線を浴びたそばから、まどかは自分から身体が離れていくような気がした。ピーラーで剝いたみたいに皮膚が剝がれ、肉がふわふわにほどけて、血管と神経の糸が広がって風に飛ばされて行ってしまう。吹きさらしになった大腿骨には片栗粉のダマに似た冷たくて透明なものが山ほどまとわりついて、そこから胴体へと色んなリボンが巻き付いて、祖母に流れる血を絶やさぬための、女の子型工場が組みあがる。

そもそも、『Ｎ／Ａ』は吉屋信子や川端康成の少女小説のアップデート版といった趣の小説で、女子高を舞台にＬＧＢＴや拒食というテーマが展開される――というよりＬＧＢＴなり拒食なりが「多様性」の名のもとに配慮対象となった結果、人格の記号化とコミュニケーションのマニュアル化が加速してゆくことに、主人公のまどかは強い抵抗感を覚えるのだ。「かけがえのない他人ほしさにうみちゃんと付き合ってみただけだった、それでLGBTの人で固定されてしまった」。

まどかは「虹色の囲い」のなかでマイノリティ属性を与えられ、自動的に理想化されるのを厭わしく感じる。かといって、ツイッターやLINEの記号的・マニュアル的な人間関係から完全に離脱するつもりもない。誰もが自己演出に忙しいスマホの浅瀬だけで生きたくはないが、この浅瀬の外に手応えのある現実もない——これはSNSに取り巻かれて育った若者（本当は若者に限らないが）の感性を、ごく素直にトレースしたものに思える。

してみると、『N／A』そのものはマイノリティを題材とするように見えて、実際には今のマジョリティの関心や当惑にぴたっとピントを合わせた小説と言うべきだろう。ただ、今やLGBTは強いシンボリックな意味を帯びており、性的マイノリティについてどういう意見をもつかは、その人間の思想的パッケージの根幹をなすかのように見なされている。それゆえ『N／A』のように、このテーマについてアイロニックなひねりを利かせれば、いきなり現代社会の急所に到達したかのような錯覚を読者に与えられるのだ。実際、本作の帯文には、東浩紀をはじめ作家たちの賛辞がずらっと並んでいる。芥川賞をとらせるためには過大評価も厭わないという姿勢には感心するが、何にせよ、現代のマジョリティの「信仰」のありかを示すサンプルとしては興味深い。

ただ、先ほどの引用個所については、性的マイノリティをめぐるあれこれの言葉とはトーンが異なる。まどかの親族関係は妙にぎくしゃくしていて、なかでも祖母はまどかの身体を根こそぎに分解するインベーダーのように描かれる。さらに、本書の後半では、まどかの友人のLINEで、保護者である祖父の病状が悪化して進学が危ういという深刻な話が寄せられるが、まどかは定型文の返事しか思いつかない。LGBTについてあれこれ思いをめぐらせる彼女は、家族の問題についてはただ絶句するだけである。

現代の少女小説としての『N／A』は、ものごとを浅瀬で処理している。このスマホ的な「軽み」が本作の美点であり（実際、軽くさばかないと鮮明に描けない心の揺らぎはある）、かつ限界でもある。しかし、その浅瀬にはところどころ家族という深淵がある。そこに足をとられれば、先に進めなくなることを年森瑛は恐らくよく分かっている。言葉がどこで活気づき、どこで座礁するか――そのポイントの見極めが彼女の「軽み」を支えているが、その線引きをどれだけずらしていけるかが、著者の試金石になるように思える。

＊

それに対して、鈴木涼美の『ギフテッド』は母娘関係へのアプローチを試みた作品である。率直に言って、本作はそのテーマをうまくさばききれたとは言い難く、書くべき内容を掌握しきれずに混乱している印象も否めない。ちゃんとした編集者がついて構成を丹念に見直せば、もっと良くなっただろう。とはいえ、私は本作にはそれほど否定的な印象はない。鈴木は波乱の多い人生を歩んできた書き手だから、もっと話題性のある題材を選ぶこともできただろうが、あえて泥臭く古風なテーマに挑んだことには、むしろ好感をもった。

表面的な印象はまったく違うが、『ギフテッド』は『N／A』と似たところがある。つまり、いずれもヨコ軸（同性の友人）のおしゃべりが広がってゆく一方、それとは隔離されたところにタテ軸（家族）が現れる。社会はおしゃべりの海のなかに幻影として浮かび上がり、そのおしゃべりの幻がふと途絶えたところに老いた母なり祖母なりが現れる――これは確かに現代のコミュニケーション状況の縮図ではあるだろう。

ただ、『ギフテッド』では詩人の母は壁のように立ちふさがるわけではないし、娘を強く拘束するわけでもない。次の場面は象徴的である。

花柄のパジャマを着た母は私の背中にぎりぎり触れないところまで身体を近づけ、「あなたに教えてあげられることがもっとあった気がするわ」と言った。手や腕を動かしたら、異常なほど痩せた母を吹き飛ばしてしまいそうで、私は黄色いスポンジをそのまま下に置いて、しばらく泡だらけのお椀を左手に握っていた。

母はある意味で、登場したときにはすでに死んでいる。だが、たんに無力でもなく、いわば背後霊のように娘にまといついているのだ。本作では、母と娘の心の通った会話はほとんどないし、両者が強く敵対するわけでもない。かつて母が娘の腕に、いきなり火のついたタバコを押しつけたときですら、敵対性は希薄であった。「鋭い痛みは一瞬で通り過ぎ、腕に食い込む母の指を見ながら、摑まれているというより繋がれている、と感じた」。

母はあくまで娘の背中から亡霊のようにつぶやき、娘との「繋がり」を保つ。娘は決して不自由ではないにもかかわらず、母の生み出す不可視の輪郭線のなかに閉じ込められている。自分の人生を主体的に選んできたはずなのに、振り返ると、母という背後霊に操られていたようにも思える。しかも、それをはっきり証明することもできないのだ。母は他の病人とともに「視点が定まっているのにどこにも焦点があっていないような目」で病室にいるが、それは本作でのピントの合わない母娘関係そのものの説明にもなっている。

私が本作から読み取ったのは、親について考えるほどにホームレスな感覚に陥るという逆説である。かつてであれば、親もとを離れて別の世界に行く、だからこそ親の古い世界、つまり今の自己の世界と違う遠いふるさとが「ホーム」として感じられもした。しかし、このような距離は恐らく失われつつある。親がカルト的な新興宗教に入信して家庭が破綻するというケースは別として、親と子は今やたいてい同じサイドにいるのではないか。実際、『ギフテッド』の主人公にとっても、母は他者というより身体的な片割れである。

母が焼きたかったのは自分の肌なのだろうか。むしろ、自分の体内で作り出した私の肌は、母の肌でもあったんだろうか。

たとえ親に苛立つことがあったとしても、実質的な差異がないのであれば、同族嫌悪のようにならざるを得ない。どこまで遡っても、自己の顔が鏡面に映るだけ——そうなると、もはや「ホーム」はない。『ギフテッド』の主人公は、自分の部屋にいるときでも精神的なホームレスであり、そこに同居する親はふるさとのぬくもりをもつ存在ではなく、むしろ将来の自己の先取りとして現れるのである。ドアの閉まる音だけが、ただその無機的な寂しさゆえに彼女らに安らぎを与えるだろう。

興味深いことに、『ギフテッド』であれ『N／A』であれ、その女性の登場人物たちは幸せそうに見えない。ヨコ軸のおしゃべりがもたらすのは「社会ごっこ」にすぎない。『ギフテッド』の主人公は、夜の街の女性やホストと関係を保ってはいるが「どこにいても現実味がない」。ただ、その夜の商品的な仮面をかぶったやりとりは、昼の現実ではあり得ない甘い緩みと死の緊張を芽生えさせる。夜の言葉は都市に隠れた秘密と合成されるのである。その一方、タテ軸の家族に接触すると、言葉は日干しになり乾いてしまうのだ。現代の作家は恐らく、このうるおいのないホームレス・マインドに突き当たらざるを得ない。候補作のなかで、私はこの二作品には書かれる必然性があったと思う。

おわりに――書評的思考

書評はトレーニングを積めば誰でも書ける。むろん、これは書評が「簡単」ということを意味しない。書評にはそれ固有の難しさがある。まずその本の要所とストーリーを的確につかむこと、その骨組みを尊重したうえでそこに評者の見解を過不足なく肉づけすること、本に導かれた評者の思考の運動をその見解のなかに引き写すこと、さらにこの本の模型を間テクスト的な環境と共鳴させること――これらの手順を一つでもおろそかにすると、良い書評にはならない。

それでも、書評はやはり「民主的」な批評スタイルだとは言える。一冊の本を書き上げるのは大変だが、一冊の本の似顔絵を描くのに特別な才能は要らない。フットワークが軽くて言葉選びのセンスが良く、作品に対して公正であろうとし、目配りが利いていて、文体的にも底力のある書評が、どれぐらいの規模で書かれているかは、民主主義社会の成熟度をはかる格好の物差しになるだろう。

ただ、私としては、本書を通り一遍の書評集の枠に収めたくもなかった。ここで試みたのは、書物というウイルスの変異株を作成し、それらをゆるやかに連続したひとつながりの《前線》に配置することである。冒頭で述べたように、それは「システム化」に先立つ「組み立て」の作業だと言ってよい。思うに、われわれがある程度システマティックな本を書こうとするとき、参照される文献は、そのシステムの背丈に合うようにカットされざるを得ない。しかし、前システム的な「組み立て」の思考においては、そのような伐採はもっと少なくて済むだろう。かつて吉本隆明が書評を「批評がやる懺悔《ざんげ》のようなもの」（『読書の方法』）と形容したのは、言い得て妙である。

マルクス・ガブリエルやマイケル・サンデルの流行が示すように、近年、哲学ブームが続いている。しかし、私は哲学より思考（パンセ）という言葉のほうがずっと好きだ。思考とは何か。「考えるとは踏み越えることである」（エルンスト・ブロッホ『希望の原理』）。本を読んで考えることの精髄は、煎じ詰めれば現実の「踏み越え」にある。思考の運動はどこかでリアリティの線をまたぎ越して、自分ではさばききれない観念をも生み出す。考えることそのものが過剰なのである。しかも、思考の経路は決して一筋ではない。なぜなら、思考ないし思想の妙味は、その形態や方法が多様であることに存するからである。

批評も思考の一形態であり、しかも自らの思考の方法そのものを問い直すような思考である。私は可能ならば、のべつ幕なしに考えていたいのだが、その運動を持続させるには何らかの方法が要る。では、書物の変異株を集め、未来の徴をつかもうとする書評的思考は、その方法になり得るだろうか——本書の底にそのような問いが潜んでいることは、最後に付け加えておきたい。

リアルサウンド編集部の松田広宣さんは、以前から私の仕事に注目されていた。ウェブ連載をまとめて書評集を出すというアイディアは、その松田さんからの提案による。しかも、本書でとりあげた本の半分以上は、彼が推薦したものである。そのおかげで、私はふだんなら読まずに済ませるような本も手に取り、そのつど新鮮な発見を得ることになった。もし私が主体的に選んでいたら、自分の趣味に凝り固まった閉鎖的な選書になってしまっただろう。

その意味で、本書ほど編集者の助けを借りたことは、これまでほとんどなかったし、これほどのびのびと原稿を書けたことも、かつて一度もなかった。本の執筆はたいてい苦労ばかりだが、今回に限っては、およそ週一のペースで読み書くというリズムの愉楽があらゆるマイナス面を上回った。このような理想的な執筆環境が与えられたのは、ひとえに松田さんの知恵と工夫のおかげである。

むろん、この楽しさは業界との「なれ合い」からは生じない。誰もが自分の所属グループの顔色をうかがいながら、言葉を選ぶようになった今、忖度なしに率直な批評を書けるメディアは、紙媒体かウェブ媒体かを問わず、リアルサウンド以外には恐らくたいして残っていないだろう。私一人の力では、このような本を書くことはできなかった。連載を支援してくださった株式会社blueprint代表取締役の神谷弘一さんをはじめ、編集部の皆さんに心よりお礼を申し上げたい。

二〇二二年夏　福嶋亮大

Real Sound Collection

福嶋亮大（ふくしま　りょうた）

1981年京都市生まれ。文芸批評家。京都大学文学部博士後期課程修了。現在は立教大学文学部文芸思想専修准教授。文芸からサブカルチャーまで、東アジアの近世からポストモダンまでを横断する多角的な批評を試みている。著書に『復興文化論』（サントリー学芸賞受賞作）『厄介な遺産』（やまなし文学賞受賞作）『辺境の思想』（共著）『ウルトラマンと戦後サブカルチャーの風景』『百年の批評』『らせん状想像力　平成デモクラシー文学論』『ハロー、ユーラシア 21世紀「中華」圏の政治思想』『感染症としての文学と哲学』等がある。

書物というウイルス　21世紀思想の前線

2022年10月26日　初版第一刷発行

著者　福嶋亮大

発行者　神谷弘一

発行・発売　株式会社blueprint

〒150-0043
東京都渋谷区道玄坂 1-22-7 5F/6F
Tel: 03-6452-5160　Fax: 03-6452-5162

装丁　川名 潤

企画　神谷弘一（株式会社blueprint）

編集　松田広宣（株式会社blueprint）

編集協力　春日洋一郎（書肆子午線）

デザイン協力　水谷美佐緒（プラスアルファ）

印刷・製本　中央精版印刷株式会社

ISBN978-4-909852-35-9 C0095